志願軍女兵風采

The Spiritual Demeanor of Female Chinese Voluntary Army in the Korea War

葛焕標題

主编 ★ 武丽佳

中国社会科学出版社

图书在版编目（CIP）数据

志愿军女兵风采 / 武丽佳主编. — 北京：中国社会科学出版社，
2016.7
ISBN 978-7-5161-8487-5

Ⅰ.①志… Ⅱ.①武… Ⅲ.①中国人民志愿军－史料－图集
Ⅳ.①E297.5-64

中国版本图书馆CIP数据核字(2016)第146163号

出 版 人　赵剑英
责任编辑　侯苗苗　　郭晓娟
责任校对　周晓东
责任印制　李寡寡

出　　　版　中国社会科学出版社
社　　　址　北京鼓楼西大街甲158号
邮　　　编　100720
网　　　址　http：//www.csspw.cn
发 行 部　010-84083685
门 市 部　010-84029450
经　　　销　新华书店及其他书店

印刷装订　北京君升印刷有限公司
版　　　次　2016 年 7 月第 1 版
印　　　次　2016 年 7 月第 1 次印刷

开　　　本　787×1092　　1 / 8
印　　　张　28.5
字　　　数　324 千字
定　　　价　498.00 元

谨
将此画册献给六十五年前
绽放在抗美援朝战场的
铿锵玫瑰——我们可颂可敬
的妈妈们！

These photos are dedicated to those
who were rose — like girls in the
Chinese Voluntary Army during the
Anti-Americans War in Korea 65
years ago, one of whom is
my dear mother!

抗美援朝战争的胜利是伟大的，是有重要意义的。

——毛泽东

中国人民热爱和平，但是为了保卫和平，从不也永不害怕反抗侵略战争。中国人民决不能容忍外国的侵略，也不能听任帝国主义者对自己的邻人肆行侵略而置之不理。

——周恩来

中国人民吓不倒，抗日战争打了8年，抗美援朝战争打了3年，我们有以少胜多、以弱胜强的经验。

——邓小平

中国人民志愿军的爱国主义、国际主义和革命英雄主义精神永放光芒。

——江泽民

　　我们永远不会忘记那些牺牲在异国他乡的数十万英烈，永远不会忘记志愿军全体将士的丰功伟绩，永远不会忘记我们英雄的人民为赢得这场战争所作出的伟大贡献。

——胡锦涛

　　抗美援朝战争不仅奏响了一曲曲可歌可泣的凯歌，而且锻造出伟大的抗美援朝精神……这种精神永远是中国人民的宝贵财富。

——习近平

编辑委员会

《志愿军女兵风采》编委会名誉主任张玉华将军在 2016 年春节联欢晚会上接受采访

2016 年 1 月 24 日,《志愿军女兵风采》主编武丽佳(左)和张玉华将军(中)、志愿军女战士杨曼真阿姨(右)
一起探讨编书事宜

张玉华将军正在题写"志愿军女兵风采"书名

志愿军女兵风采

张玉华

　　志愿军首战师第 118 师政委、开国少将、南京军区原副政委。纪念中国人民抗日战争暨世界反法西斯战争胜利 70 周年阅兵抗战老同志乘车方队成员，本书编委会名誉主任张玉华为本书题写书名。

燕姿瑶草花
善世推逆谈
狂鸣子秋来黄
梧桐　李佳琪诗
点行军书兵年之娓出

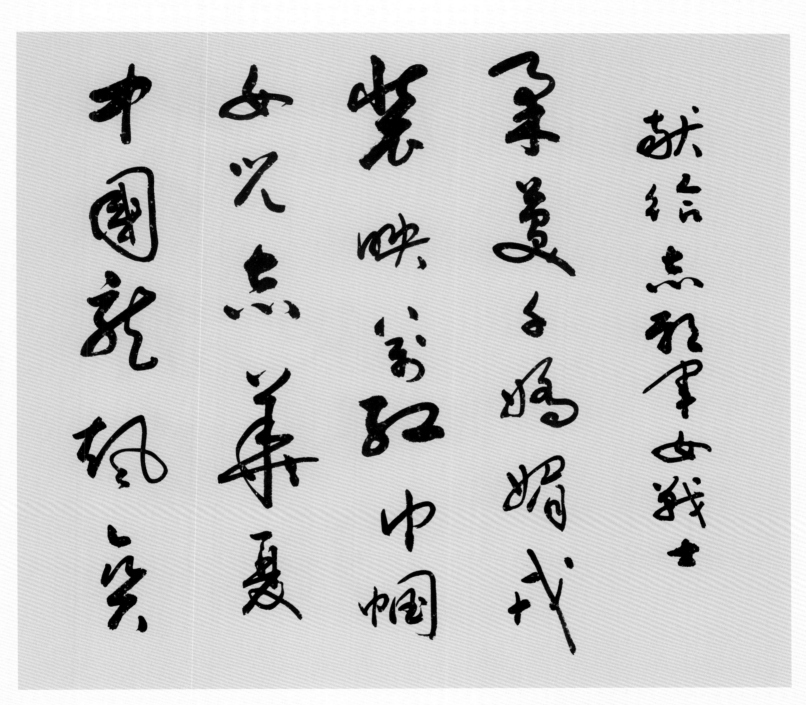

献给志愿军女战友

柔蔓千娇媚，戎装映万红。巾帼女儿志，华夏中国龙。
飒爽英姿丽，军花盖英雄。笑谈腥雨事，秋岁赏梧桐。

李佳琴诗
志愿军老兵牟元礼书

飒爽英姿 驰骋疆场

丙申岁首刘宇甲书

刘宇甲
国家一级美术师
中国美术家协会会员
南京市文联书画研究院秘书长
志愿军女兵刘无瑕之弟

前　言

　　我荣幸地看到了由百岁老人、原中国人民志愿军第 40 军第 118 师政治委员张玉华老将军任编委会名誉主任，中国人民解放军原总装备部副政治委员、中国将军书画研究院名誉院长葛焕标将军题写书名，由志愿军后代武丽佳女士领衔，志愿军老战士曹家麟、牟元礼、刘石安和热衷于抗美援朝战争史研究宣传的老同志宋群基等参加编写的《志愿军女兵风采》画册的书稿。他们怀着对中国人民志愿军，尤其对志愿军女战士无比崇敬和无比爱戴的情感，历经艰辛完成了这部画册，作为一名抗美援朝战争史研究者，我既感谢他们做了一件非常有意义的工作，又被画册中的感人形象与生动回忆所感动，真是思绪万千，感慨连连。

　　抗美援朝战争是新中国成立初期被迫进行的一场战争，是新中国历史上的第一场战争，也成为新中国的立国之战，为新中国的巩固、建设和发展奠定了强有力的基础。1840 年以来，中国除 1931—1945 年的抗日战争取得反法西斯侵略的胜利外，只有遭受帝国主义列强侵略和掠夺的挨打受欺历史，只有任人宰割、割地赔款的屈辱历史。1949 年 10 月，中华人民共和国成立，中国人民站起来了。但无论当时的资本主义阵营还是社会主义阵营，都没有正视已经站起来的中国人民。抗美援朝战争是新中国诞生后的第一声呐喊，这声呐喊震惊了全世界。中国人民志愿军敢于出现在朝鲜战场与美国军队作战本身，就在国际上产生了巨大影响，尤其中国人民志愿军依靠落后武器装备打败了完全现代化装备的美国军队，不但美国而且整个世界，包括当时以苏联为首的社会主义国家，都不得不对中国刮目相看。中国人民志愿军在朝鲜战场上打出了中国人民军队的国际威望，打出了新中国的国际威望。抗美援朝战争的胜利，一扫中国近代以来的耻辱，中国人民真正地扬眉吐气了，中国真正屹立于世界民族之林了。可以说，这场战争对于中国人民是自鸦片战争以来最了不起的正气篇。

　　抗美援朝战争中先后有中国人民志愿军 27 个军、10 个炮兵师、12 个空军师、10 个铁道兵师及高射炮兵、装甲兵、工兵、雷达兵、探照灯兵、公安警卫部队等，共 290 余万人次参战。广大志愿军指战员在以毛泽东为主席的中共中央和中央军委指导下，在以彭德怀为司令员兼政治委员的志愿军总部直接指挥下，充分发挥政治优势和人民军队的光荣传统，与朝鲜军民一道，面对世界上最强大的敌人，在极为艰难的条件下，扬长避短，以灵活机动的战略战术和一往无前的英雄气概，进行了艰苦卓绝的作战。他们始终发扬祖国和人民利益高于一切、为了祖国和民族的尊严而奋不顾身的爱国主义精神，英勇顽强、舍生忘死的革命英雄主义精神，不畏艰难困苦、始终保持高昂士气的革命乐观主义精神，为完成祖国和人民赋予的使命、慷慨奉献自己一切的革命忠诚精神，以及为了人类和平与正义事业而奋斗的国际主义精神。这伟大的抗美援朝精神，已经成了中国人民永远的宝贵财富。

抗美援朝战争是人民解放军历史上女兵参战人数最多的一场战争，那么参战二百九十余万人次的志愿军中究竟有多少女战士？尚未见确切统计；她们在战争中发挥了什么作用？也缺乏专门研究。《志愿军女兵风采》一书从文字和图像两个方面，在一定程度上弥补了这个缺憾。

正像志愿军老战士张培林在本书中所说的："她们是一群天真烂漫的孩子。全国解放不久，她们有的只有十四五岁就争先恐后参军。在剿匪反霸、土改征粮、修建铁路等各条战线，都有她们雀跃的英姿和银铃般的欢笑。不久，在'抗美援朝，保家卫国'的伟大号召下，她们又告别亲人和朋友，毅然跟随部队雄赳赳气昂昂跨过鸭绿江，成为一批志愿军女兵。"

"她们是勇敢的白衣战士，在残酷的朝鲜战场上，她们为抢救伤病员奋不顾身。第一次把自己的汗水和泪水流洒在重伤员身上和烈士的遗体上。她们吓哭了，但从此消除了心理上的恐惧，不再害怕见到阵亡将士的遗体和伤员的鲜血。在战地临时医院里，她们用稚嫩的肩膀和男同志一起扛木材，抬石头，搭建防空洞。背粮、挑水、造饭，样样参加。在极端艰苦险恶的异国战场，她们是一群天使和保护神。"

"她们是优秀的文艺工作者。志愿军战地有一支打不垮拖不烂的文艺鼓动队伍。其中姑娘占半数，他们个个都是多面手，能歌善舞，会编会演。无论进攻防御，她们都经常深入前线，深入防空洞、战壕、坑道，视指战员为亲兄弟，有的还帮他们洗衣缝补。其间创作了成千上万个短小精干的文艺节目。通过精彩表演，传达了祖国的声音，宣扬了英模事迹，总结交流了战斗经验，活跃了战地生活，鼓舞了士气，成为志愿军战斗力不可或缺的重要因素。"正如志愿军女文工队员尹玲转述时任第 12 军第 35 师师长李德生对女战士的评价说："你们是战斗的宣传员，你们说的快板，唱的每一首歌，对他们都是很大的鼓舞，是他们不可缺少的精神食粮，你们的慰问有时比我们下命令起的作用还大哩！……"

"她们是各条战线的工作模范。在志愿军各级领率机关、各系统、各部门，随处可以看到她们的身影。女参谋、女干事、女助理员、女文秘、女文化教员、女接线员、女电报员；财务部门的女会计、女出纳，报社的女编辑、女通联、女记者等，她们以其女性固有的品格：自尊自强，不计名利，智慧、坚韧、细腻和柔情，出色地完成各自的工作任务，不断受到表扬。有的还立功受奖，获得更大的荣誉。"一言以蔽之，志愿军女战士发挥的作用是难以比拟的。

《志愿军女兵风采》的重要性，不但体现在它独特的史料价值上，更重要的是把抗美援朝精神用最质朴的语言，生动、鲜活地呈现在我们面前。如志愿军女战士卢霞友在书中回顾说："我们小组从丹东过江到朝鲜新义州接重伤员，当时敌特活动猖獗，敌机狂轰滥炸，为确保伤员安全只能在夜间和朝鲜护送队的同志一起把伤员送上列车，途中遇敌机侦察扫射，我们立即停下，用自己的身体掩护伤员，有时抬送一名伤员中途要停多次，一夜之间要往返数次。有一天夜里我看见一名腿被炸断的伤员，拄着拐艰难行走，为了争取时间，当时只有十五岁的我，把他背起来就跑，当跑到列车车梯时，已累得筋疲力尽了，便顺势靠在了车梯旁，不小心头上的军帽掉了下来，那伤员看到我两条辫子，才发现我是个小姑娘，便懊悔地说，要知道你是个小丫头，宁可自己爬也不能让你背。"志愿军女战士文兴惠回忆说："夜里，两个人背着步枪、提着走马灯，从一个山坡到另一个山坡巡逻、观察伤员病情，防止空降特务侵袭，保护伤员安全。巡视完后，两人背靠背站岗，观察四周情况。当时不怕特务和野兽侵袭，也不怕牺牲，一心想着为保家卫国做贡献。"凡此种种令我唏嘘不止的同时，感受到鼓舞、振奋和激励。

最后我还想说的是，士兵是部队战斗力的基础。任何战争、战役和战斗的胜利，都是战士用一枪一弹、一滴血、一滴汗换来的。没有他们和她们的舍生忘死，就没有战争的胜利。

我想说，我们需要这样研究战争历史，需要像本书编者这样为普通女战士立传。

我向志愿军老前辈们致敬，向英雄的志愿军女兵们致敬！你们昨天是，今天还是，明天仍然是"最可爱的人"。

齐德学

2016 年 1 月

目　录

刘秀珍

　　1934 年 11 月生，天津人。1947 年入伍，1950 年参加中国人民志愿军，在抗美援朝战争中，荣立一等功一次、三等功六次，被志愿军总部授予"二级模范""模范护士""模范共产党员"称号，被朝鲜民主主义人民共和国授予一级、二级国旗勋章和独立勋章，先后受到毛泽东、周恩来、邓小平等党和国家领导人以及金日成主席的亲切接见和赞扬。

受到毛主席、周总理接见的女战士——刘秀珍

1950年11月，已是护理排长的刘秀珍随第五兵站医院入朝参战，在敌机狂轰滥炸、投放毒气弹的严酷战争环境中，她和她的战友一次次冒着生命危险抢救和转移伤员，在朝鲜战斗的一千多个日日夜夜里，刘秀珍和战友们以大无畏的革命精神和奉献精神抢救护理伤病员一千多名，经她们护理的伤员，无一人死亡，无一例事故，无一名伤员伤势加重，全部安全离开转运站，创造了世界战地救护奇迹。1954年，中央新闻纪录电影制片厂以她的事迹为基础，制作了一部名为《一切为了伤员》的纪录片。中国人民革命军事博物馆和朝鲜军事博物馆都曾陈列过她的照片，介绍她的英雄事迹。

1951年9月，刘秀珍光荣当选志愿军归国国庆庆典观礼团代表，受到毛泽东主席的亲切接见，并作为特邀代表，列席参加了全国政协第一届三次会议，在政协闭幕会上刘秀珍作为代表向周总理敬酒，周总理亲切询问她腿上的伤情，并赞扬她："你是祖国的好儿女，今后要继续努力，再立新功。"11月4日，毛主席在中南海丰泽园接见参加政协会议的志愿军代表，刘秀珍荣幸地在毛主席家中做客，参观了主席简易的书房，并和毛主席、朱德总司令合影留念。当朱总司令表扬志愿军女兵的勇敢精神时，毛主席指着刘秀珍笑着说："中国自古巾帼多英雄，我们志愿军中也有花木兰呀！"

1951年9月初，刘秀珍被选为中国人民志愿军英模代表，在平壤出席朝鲜民主主义人民共和国英模代表大会。金日成主席给刘秀珍颁发了朝鲜民主主义人民共和国军功章，并给她写了六个有力的汉字："祝你打仗勇敢。"刘秀珍1960年参加共青团九大、1984年参加国庆观礼时，受到了邓小平同志的亲切接见。

1985年10月，刘秀珍作为中国人民志愿军战斗英雄代表团成员，又回访了阔别多年的朝鲜，金日成签发命令，授予她自由勋章和友谊勋章，并在锦秀山议事堂亲自为刘秀珍戴上勋章。

刘秀珍是千千万万志愿军优秀女兵中的杰出代表，她的一生集中体现了志愿军女兵不畏强敌、不怕艰险的精神，出色地履行了一名志愿军女兵在硝烟弥漫的朝鲜前线应履行的光荣而勇敢的职责。她的一生是短暂的，但她一生的光荣和功绩共存！我们缅怀她！怀念她！

1951 年的宋宝华

宋宝华

　　1930 年 1 月生，上海人。1948 年至 1951 年 2 月就读于上海沪江大学，1951 年 2 月参加中国人民志愿军，1951 年 2 月至 8 月，在志愿军第 9 兵团情报处任英文翻译。1951 年 9 月至 12 月，任第 9 兵团俘管团英文翻译。1952 年 1 月，调志愿军司令部作战处情报科任英文翻译。

宋宝华（后排右一）与战友合影

志愿军中的女情报官

王天成

　　宋宝华从小德学兼优，朝鲜战争爆发时她正在上海沪江大学读书，志愿军入朝作战后，战地急需英文翻译。1951 年 2 月，由宋时轮任司令员兼政委的中国人民志愿军第 9 兵团，专门派人到上海，紧急征一名英文翻译赴朝鲜参加抗美援朝。宋宝华瞒着家人，怀着满腔热情踏上了奔赴朝鲜战场的参军之路。3 月 15 日，她随部队乘坐闷罐车从安东过鸭绿江进入朝鲜，不断受到敌机轰炸和扫射，经过一番艰辛到达第 9 兵团驻地，被分配到兵团司令部情报处。1951 年 5 月，第五次战役第二阶段的反击战役打响之后，兵团司令员要亲自审讯俘虏，宋宝华第一次担任审俘工作的翻译，宋司令员问了俘虏的姓名、年龄、军衔和家庭状况等，他都一一做了回答。当问到他的部队番号和作战任务时，他竟然傲慢地说："按照日内瓦公约，我只能告诉你们这些……"宋宝华把俘虏的话照实翻译给司令员后，自己嘟囔道："当了俘虏还有什么好神气的，说什么按照日内瓦公约，那你们到朝鲜来乱扔炸弹，把人家好好的村庄烧成一片焦土，滥杀手无寸铁的妇女儿童，是按照日内瓦公约的哪一条啊！"宋司令员听了，说道："很好啊！把你方才说的，翻译给他听。"那个俘虏听后低下头，默不作声。宋司令员又严肃地向战俘交代我军的宽待战俘政策，只要不对抗我军，坦白交代，还可在战俘营向他家人写信报平安。宋宝华如实翻译给战俘听，他受到感动，坦白交代了他和他所在部队的有关情况。审俘工作顺利完成，宋宝华的翻译工作得到宋司令员的肯定。

　　1952 年 1 月，宋宝华调志愿军司令部作战处情报科任英文翻译，她的主要工作是收听美英等国对外英语广播，所使用的工具仅是一台极其普通的收音机，收听的电台包括美国的"美国之音"、英国的"BBC"等。

　　1952 年 10 月 12 日前后，宋宝华从"远东广播电台"听到一则消息，大意是说："联合国军"将发动一次"强大的攻势"，向中国人民志愿军和朝鲜人民军进行最后的"摊牌"，此战将会"扭转当前的战局"，迫使中朝方面不能不按照"联合国军"方面的意愿，达成停战协议。虽然是宣传性的，却从一个侧面透露了"联合国军"的战略意图。情报处处长十分重视这条新闻，亲自找到宋宝华，把原始记录逐句地核实，上报志愿军首长。

　　果然，1952 年 10 月 12 日、13 日，"联合国军"对上甘岭地区的两个山头进行了持续两天的火力突击，上甘岭战役在世界战争史上实属罕见。最终"联合国军"的"摊牌作战""金化攻势"遭到了粉碎性打击，上甘岭战役以我军的胜利而宣告结束，宋宝华在监听工作中做出了突出贡献。宋宝华业绩出色，分别于 1953 年 10 月、1955 年 3 月共两次立三等功，1955 年获志愿军司令部嘉奖。

　　宋宝华在抗美援朝战争中为我军情报和军事外交工作做出了杰出的贡献。

她是《上甘岭》中女卫生员的原型

原国防部部长秦基伟将军在回忆录中记述了一位抗美援朝女战士的事迹："有一个女战士使我印象很深，她叫王清珍，只有17岁，她在五圣山后面的坑道病房护理二十多个重伤员，这个姑娘为了解除战友的痛苦，帮助伤员排尿，情操之高尚，令人肃然起敬……"令秦基伟将军印象至深，并让将军肃然起敬的这位女战士王清珍，就是电影《上甘岭》中女卫生员王兰的生活原型之一。

1951年3月，王清珍随第三批入朝的志愿军某部踏上了战火纷飞的朝鲜土地，那年她16岁，担任部队的女卫生员。当王清珍看到朝鲜的土地上到处都是燃烧的房屋和残垣断壁，四处硝烟弥漫，朝鲜百姓生活在水深火热之中，无助地在痛苦呻吟时，就暗暗发誓，一定要打败美帝，为朝鲜人民报仇。战斗打响后，每次上前线她都主动请缨，并克服各种困难，完成救治伤员的各项工作。

上甘岭战役打响后，战斗激烈频繁，伤员也越来越多，为了安全，伤员都住进了坑道。当时王清珍一个人要负责三个坑道的二十多个伤员，昼夜值班。她每天给伤员打水、打针、换药、喂饭、洗绷带、查脉搏，还要帮助伤员大小便。工作虽然艰苦，但她脸上总是挂着乐观的笑容，被敌人燃烧弹烧伤的战士，身上缠满绷带，嘴巴有伤不能嚼食物，她就把饭放在自己嘴里嚼烂，再嘴对嘴把饭喂到伤员口中……坑道的生活异常艰难，不仅缺水缺粮缺药，而且空气浑浊。为了鼓舞战友们的斗志，活跃气氛，王清珍常常用自己的歌声，给战友们带来快乐和顽强战斗的勇气。她甜甜的歌声载着负伤战友的心飞向朝思暮想的祖国……在年轻重伤员不能自主排小便时，王清珍怀着战争年代对革命战友出自内心的关爱，抛开羞涩矜持，不顾一切地口含导尿管，一口口吮吸，帮痛苦中的战友排尿，一个17岁的花季少女，要有多大的勇气才能做到这样啊！

王清珍的出色表现受到志愿军官兵的广泛赞扬，被授予二级战士勋章，并在国旗前照了相。1958年，王清珍出席了全国青年积极分子代表大会，时任团中央书记的胡耀邦握着她的手说："你就是上甘岭的王兰呀，了不起！战场上的英雄，祖国的骄傲之花！"

王清珍

1935年生，北京人。1951年1月参加中国人民志愿军，在志愿军第15军45师卫生营任卫生员。

曹粉善

　　1933年5月生，朝鲜族，吉林延边人。1950年11月参加朝鲜人民军，1951年4月改为中国人民志愿军编入志愿军后勤部运输32团。1952年调入志愿军后勤部干部速成学校。

难以忘却的珍贵记忆

曹粉善口述　邢华整理

一

　　1950年10月，我从广播中得知以美国为首的"联合国军"侵略朝鲜的消息。当时我还是一个未满18岁的中学生，听此信息，便与十几个要好的女同学商量去参军。此时，朝鲜红十字会受朝鲜人民军委托举办的战时救护学校要在延边招收五百名女兵，我便与十几个女同学一起报了名。未料，我因体检不合格未被录取。在镇里新兵集合出发时我去送别同学。当时有一人不知何因未到，我不假思索就大声说："我去。"带队的人问了我的姓名、年龄等一些基本情况后，当即表示同意让我参军。因无任何准备，都没来得及告诉家人，碰巧此事让一位邻居看见了，回去说我参军走了，家里才知道。在延边集中培训了五个月，1951年4月临上前线时，突然有关部门通知，我们这五百名女兵是中国籍朝鲜族不应该参加朝鲜人民军，应加入中国人民志愿军。至此，我们才知道当错了兵，战友们按照要求把未穿过的新军装交了，换上志愿军军装。几天后，我们从安东（现丹东）出发跨过鸭绿江大桥，进入朝鲜。

二

　　我与六名朝鲜族女战友被编入志愿军后勤部所属的运输32团卫生队，主要是随团执行救护任务。当时，美军飞机天天在上空盘旋，我们只能白天隐蔽，夜间行军。朝鲜多是山地丘陵，有浓密的树林作掩护。白天，经常有敌机从头上低空飞过，飞机不大，我们甚至能清楚地看见驾驶员。夜间美军飞机总是不停地投下串串照明弹，地面一下就变得亮如白昼，正好为我们照路。记得刚入朝没几天，我们团就俘虏了一名美军飞行员。他因飞机被击中，腿部受伤，跳伞后被我团俘虏。当时，我们都不懂英语，只记得他反复叫着"沃特、沃特"。当时团里只有政治处主任井邑（邢正平）学过一些简单的英语，告诉我们他可能是要喝水。但因他流血过多，喝水有生命危险，按照人道主义精神和救护常识，我们未给他水喝，迅速包扎好后转送后方。这是我第一次见美军俘虏，印象中此俘虏也就二十多岁，个子很高、很白、很壮。当时我还想，如不是战争，他可能还在上学。

三

我们团执行的是运输任务，主要负责将各类军用物资运到指定位置，然后进行伪装。大批物资需要挖洞或挖坑进行隐藏，然后交给部队再运走。挖坑挖洞非常艰苦，尤其到了冬天，山上石土冻得非常结实，挖起来非常吃力。我们几个女兵在没有救护任务时，与男兵一起挖，常累得筋疲力尽、四肢酸痛、浑身湿透。

我们团在朝鲜行进到平壤附近时，已是严冬季节，天气异常寒冷。有时为了卫生，不得不在寒冷的冰河中洗澡，有的女兵被冻得直落泪，也只能咬牙坚持。后来不少战友为此留下了关节疼痛的病根。

我们的生活条件异常艰苦，但有严格的纪律，任何情况下不得动用运输物资。偶尔上级分配给我们一些缴获的美军军用食品，但我们几个朝鲜族女兵总是把分给自己的美式肉罐头送给汉族同志，我们仍然靠炒面充饥。

紧张的战斗时光过得飞快。1952年我奉命被调到志愿军后勤部干部速成学校。从此结束了在朝鲜的战斗生活……

虽然在朝鲜我只待了一年多，但那段充满激情的战斗岁月却时常萦绕在我的脑海，令我终生难忘。

1951年陈碧秋在朝鲜留影

陈碧秋

　　1928年12月生，四川自贡人。1949年12月在重庆入伍，1951年随中国人民志愿军第12军入朝参战，在第12军34师101团宣传股任宣传队队员。

战斗在金城前沿

　　1951年10月，我和陈烈英同志两人下到101团4连蹲点，做宣传鼓动工作。当时连队没有女兵。我们去后，连部专门为我们俩在山坡上挖了一个两米多的猫耳洞，用木板搭起一张床，睡觉时只能各睡床的一头。进门就是床，床就是我们的住宿地。

　　当时连队的任务是为"金城防御"修筑工事。原来部队是用木料修建的"掘开式"掩体工事，这种工事目标大，易被摧毁。连队干部辛辛苦苦，花费了很大力气修好的工事，可能个把小时就被摧毁了。朝鲜战场很艰苦，阵地经常受到美军飞机、大炮及坦克的轰炸和炮击，造成的人员伤亡较大。当时连队认为修建牢固工事，是一个大难题。我们的尤太忠师长亲临部队视察，根据实际情况，号召大家想办法出主意。以成冲霄团长为首的团党委，号召全体官兵献计献策，群策群力。最后经过多次讨论，反复论证，决定停止修建原来用木材建的"掘开式"工事，想出往山里深处打山洞的办法，把青石山挖通成为有两个出口的隧道。4连决定成立以肖贵强同志为主的掘进小组，进行打洞试验。

　　开始没有经验，使用大锤打洞、十字镐挖的手工作业，进度很慢，一天就几厘米。后来改用打眼放药、点火爆破方法，速度有了明显提高，一天能掘进一米到两米。在战地施工期间，许多战士的手被磨破，出血溃烂直至化脓，仍然坚持作业，尤其是肖贵强同志当时患了夜盲症，坚持不下火线。因为要夜以继日地修建工事，体力消耗较大，身体得不到及时的营养补充，吃的是祖国运去的炒面、罐头和咸鱼干等食物，基本没有蔬菜。尽管条件很差，但掘进小组的同志们没有怨言，努力工作，经过二十八个昼夜奋战，终于在丁山阵地上，打出我军第一条二十四米长的坚实隧道（后改成坑道）。团长成冲霄听到隧道打通的消息后，立即把喜讯向尤太忠师长做了报告。师长听了非常高兴，当即表示要为肖贵强请功，后经上级党委批准，为肖贵强同志记一等功，并授予"穿山英雄"称号。志愿军陈赓副司令员把四连修筑的阵地作为全军的示范点。

肖贵强同志的吃苦耐劳精神以及志愿军战士在抗美援朝战争中所表现出来的英勇顽强精神，深深地感动和教育着我，在连队工作时，我用他们的这种精神激励鼓舞自己，深入连队，及时宣传战士们的英雄事迹。由于我工作表现出色，在朝鲜战场上，我光荣地加入了中国共产党，亲临朝鲜前线以及入党，是我一生难忘的往事。

陈碧秋（左）与陈烈英在朝鲜东海岸驻地老百姓家前合影

1951 年在朝鲜师部合影，左起：陈碧秋、曾参碧、曾峻

被分配到 101 团的四名女兵在朝鲜东海岸陵前里团部合影，左起：刘忠敏、陈碧秋、陈烈英、胡坤芳

1953 年，陈碧秋（右）与左三星结婚时合影

陈德林

1933 年 10 月生，四川合江县人。1950 年 6 月考入第 15 军随军干校学习，1951 年 7 月随中国人民志愿军第 15 军入朝，在第 15 军 45 师卫生科手术室做护士工作。

我在上甘岭战役中的亲历

我随部队来到五圣山脚下，驻防在上甘岭阵地附近时，还不满十八岁。和以往我们的防空洞不同，这次洞很深，里面有很多小洞，有进出口。那间小手术室是用敌人丢下来的照明弹"布"顶起来的，以防震动的泥土掉在伤员的身上。我们共有十二人，两名医生，一个叫杜随友，另一个是重大毕业的楼志功，女兵只有我和张祥珍，其余的男同志有陈国治、严学容等人。

我们担负这么大战役的救护收容工作，是不分白天和黑夜的。那里的战争气味非常浓，除了飞机大炮的轰隆声外，还增加了战斗的机枪声。一条条的坑道、工事随处可见，有我们志愿军的担架队、朝鲜女担架队、从后面上来的运输队，还有沿路设置的茶水站。上甘岭战役于 1952 年 10 月 14 日打响，自 15 日起战斗非常激烈，在 3.7 平方公里的狭小地区内，每日竟落弹数十万枚，我们的手术室洞震得石头、泥土往下掉。山石被炸成粉末，气浪焰人，焦土没膝。我们在烟雾中救护伤员。10 月 15 日凌晨，东方刚刚透亮，震天动地的轰隆声传来。只见三十多架轰炸机排成五排，每排六架，有时八架，一排紧跟一排，像老鹰一般从南边窜过来，然后在空中兜了个圈子，一架接一架俯冲下来扫射，成堆的炸弹投下来，啸声刺耳，闪光刺目，炸弹爆炸时，冲起的气浪夹杂着弹片和飞石。这时候，我们都在坑道里不出来。那几天，阴沉的天空下起了毛毛细雨，以后就开始下雪了。我们还穿着单衣，也有穿棉衣的。打了好几天了，10 月 19 日，我们的"喀秋莎"火箭炮、榴弹炮向南发起总攻，收复

停战前，在朝鲜元山，陈德林与朝鲜儿童合影

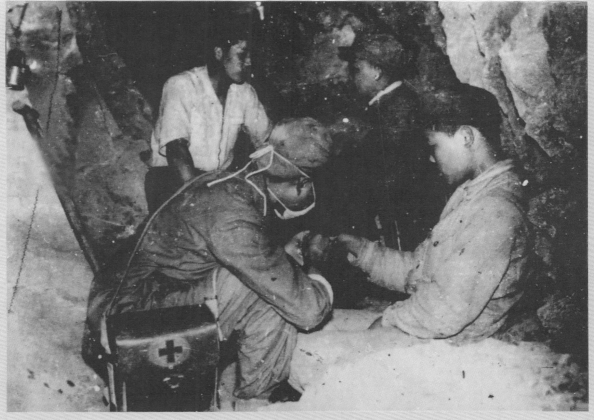

陈德林为战友包扎伤口

了全部阵地，这一天我们的伤员少了，但远处传来黄继光牺牲的消息！首长下令要打到底、打到胜利！一个礼拜的战斗，我们从来没有睡过觉，不能坐下，一坐下来就睡着了，两只手都拿不动重东西，背伤员真是很困难，背不动，只有带着伤员趴着前进，伤员真是可怜，但从来没有一个伤员叫过痛。那几天雨夹雪，松土变成了稀泥，弹坑变成了泥坑，给我们转运伤员带来了极大的困难。我们全身是雪、血、泥土，伤员更不用说了，也没有衣服换。后边运输物资的人员上来，回去把伤员带走，这些连续不断的人流，在炮声、枪声、

炸弹声中完成战斗任务。我们的伤员在前方是不能停留的，断腿的、缺手的、肠子打出来的、头部负伤的，都要及时处理，脚、手不能保的马上进行手术截肢……我自己也在那里度过了十八岁的生日。

打了二十多天，我们被换下来，回到了靠后方一侧的收容所，结果在一次救护伤员的途中，我的左脚负伤了。

我的脚受伤后，躺在坑道里，正在发烧。抬来一位年轻小伙子，他趴在右边角上。他叫我："同志，你伤得好严重啊！痛吗？"我摇了一下头。便转过头来，只见他没穿裤子，趴在铺上，半个屁股血淋淋的，没等我开口，笑了笑说："真不好意思，我不能穿裤子。"我说："只要没有死，以后就能穿裤子了。"我俩都笑了。就在这天下午，我感到脚部受伤处似乎有什么东西在蠕动，我想莫不是我的脚长蛆了。医护班的战友来了，我说："我的伤口可能长蛆了，正在爬呢。"她说："不会吧，该是长肉了。"松开绷带一看，肌肉已发黑，果真是长蛆了。难怪我已经半个月高烧不退，原来伤势恶化了。我估计挺不过这一关了，因为我见过像我这样伤势的战友说没就没了。我身边有十多元钱，我把它夹在团费证里，打算把它上交给团组织，作为生前最后一次交的团费。这件事我没有对任何人说。我从赴朝的第一天起，从来也没想过要活着回国。第二天，宋耀奎医生给我诊治，告诉我要截肢，问我有什么意见和要求，我只把头摇了一下。我想，已经准备死了，还截什么肢呢？医生走后，那名臀部伤残的战友不断地叫我："同志，你不要睡着了！"我知道他是担心我一睡不醒。可就在这天，这位战友要转走了。临走时，他又嘱咐我："同志，你

陈德林（中）与战友秦大鹏（左）、蒋家成（右）
一起站岗

陈德林在救护室（地下室）地面站岗

千万不要睡着了！"啊！亲爱的战友你在哪里，我到现在还不知道你的名和姓，我多么想见你！洞里只有我一个人了。第二天，杜随友医生找我谈话："德林，只有截肢才能保存你的生命，你有什么要求和意见？"我说："我们都在一起救死扶伤，许多战友也都永别了。我们医药非常缺乏，像我这种情况长眠不起的也不是一个两个，别为我费心了，还是多照料其他的伤员吧！如果有一支盘尼西林把烧降下来，伤口可能会好转，我们国家太穷了，这样的药太少了，你说该截肢就截肢吧！"杜医生眼睛忽然一亮，说："我向军部请示一下，看军卫生部有没有盘尼西林。"我说："还是算了吧，这药八元钱一支，稀贵着哩。要是有，用在该用这药的战友的身上吧！"第二天下午，我没想到护士真的拿来一支盘尼西林油剂。她一次给我打一点点，四小时一次，分几次打完。这支盘尼西林使我退烧了，我可以坐起来了，班里派护士胡书会来护理我。我说："我能坐起来，你不用管我了，你去忙别的事吧。"她给我用那印着"最可爱的人"的茶缸，装了一缸藕粉。这时，我听见洞外有很多四川人说话，原来他们是增援前线的新兵，我叫书会出去看看。她出去后，我却又晕倒了，醒过来时，藕粉撒了一铺，我偷偷地把铺擦干净。待她回来时，我说："藕粉我吃过了。"这藕粉是来之不易的，为了把它送到前线，不知有多少人在运输途中献出了自己的生命。我的伤渐渐好了起来。一次，我拄着棍子走了五里路，去看祖国来的慰问团演出的戏剧。回来后才发觉左脚裂了一个大口子，出了不少血，因为脚不长皮，我没敢说，怕照顾我的护士受批评。那次伤口长蛆的事，我后悔不该让人知道，因为后来那个护理我的护士被全师通报批评。三十年后，我去洛阳找到这位战友，向她道歉。我伤好后，被派到重伤区，专管破伤风，外伤性坏蛆是外伤传染病，四个人管六十多人，白天两人，夜晚两人，打针吃药护理到底。有的还拉不出大便，灌肠灌不进，肛门被堵得又红又肿，我们只得用手指从肛门一点一点地往外抠大便。我记得有一个二十多岁的长脸指导员，我要用手给他抠大便，他硬是不让。说真的，我也有点不好意思，但是不把大便抠出来，造成肠堵塞是会死人的，结果我还是给他抠了，这位伤员以后转走了。

陈嘉陵

　　1931 年生，四川宜宾人。1949 年 12 月入伍，第 12 军随校文工队军文工团文艺兵，1951—1954 年随中国人民志愿军第 12 军入朝，两次荣立三等功，多次受嘉奖。

青春的花朵在朝鲜前线绽放

　　漫漫人生路，深深军旅情，在岁月的长河里，很多人和事都已泯灭，但在朝鲜前线的日日夜夜却难以忘怀。

　　1949 年 12 月 22 日，我瞒着家人从重庆学校考入二野军政大学三分校四总队，学习不久即分配到 12 军随校文工队。1951 年年初，当我们跨过鸭绿江，踏上异国土地时，满目疮痍，一片凄凉的情景让人深深震惊。

　　刚入朝时为照顾女同志，上级特意给我们每人一双长筒皮靴，可穿上它怎么行军啊！我们只能脱下背在背上行军。行军路上常遇敌机空袭，开始我确实有些怕，后来见多了也就不怕了。

　　我们的宿营地是在山洞壁上，我们在上边悬空搭了个木排，下面是潺潺流水，我们睡在上面，稍有不留意，衣物就会被流水冲走，男同志笑我们是"仙女洞"的仙女。

　　一天，我们正在树林里的土坡上演出，美军两架"黑寡妇"P-61 战斗机飞到上空，我们部队的战士坐在下面纹丝不动。可没想到，山下的朝鲜老百姓慌了，四处跑开，正在观看演出的战士冲下山，指挥老乡隐蔽，有的战士因掩护老乡负伤。

　　有一次，我们去参加朝鲜民主主义人民共和国的英模大会，会场上朝鲜人民军战士个个都军容整洁，而我们文工团战士却穿着又脏又破的棉军装，可朝鲜人民军仍把我们像亲人一样地久久拥抱，朝鲜副首相还用流利的中国话和我们交谈，并热情地跟我们一一握手致以问候……

　　1953 年 7 月 27 日，美国佬被迫在板门店签订了"停战协议"，伟大的抗美援朝战争取得了最终的胜利，在朝鲜前线的那些岁月，我团有十位战友长眠在异国他乡……

　　我以曾是一名志愿军女战士为荣！

陈识良

　　1932年8月生，上海人。1948年2月参加中共地下党。1949年8月入伍，1950年11月随中国人民志愿军第20军入朝，任政治部秘书处文书。曾在抗美援朝第五次战役中荣立三等功。

陈锡媛

　　1929年11月生，四川富顺人。1949年12月入伍，1951年3月随中国人民志愿军第12军入朝，在第12军政治部政工科工作。

陈笑玲

　　1936 年生，1950 年 6 月参军，1953 年随中国人民志愿军第 63 师入朝。

冯朝壁

　　1930 年 7 月生，重庆合川人。1950 年 1 月参军，1951 年 12 月随中国人民志愿军第 12 军 34 师入朝，在 34 师司令部工作。

1953 年从朝鲜回国时的照片

陈猗凡

　　1930 年 3 月生，湖南常德人。1949 年 8 月参军，1951 年入党。1951 年 3 月随中国人民志愿军第 38 军 337 团入朝，任团部文化教员，1952 年、1953 年各立两次三等功。

1952 年 2 月，在朝鲜团部驻地老乡房前留影

我在抗美援朝战斗中锻炼成长

1951 年 3 月，我从新义州跨过鸭绿江大桥。我们是夜间行动，乘坐敞篷汽车，在敌机频繁空袭的情况下，一路走走停停，经过一夜的奔波，第二天夜里平安到达了部队前沿驻地，部队很幸运，没有伤亡损失。

我是 337 团团部机关文化教员和通讯报道员，抽空采访，积极向师《火线报》供稿。还要组织团机关班排开展读报识字活动，有时到班排帮助战士写家信，给家人传递信息。有时还要帮助团管理员或指导员阅读或抄写文件。1951 年 8 月 19 日，经团党委批准，我光荣地加入了中国共产党。1951 年 10 月，部队开展战地评功活动，我被团部同志推荐荣立三等功一次。1953 年 2 月，中国人民志愿军总部为立功同志的家长发送喜报证书，我父亲接到了志愿军部队立功喜报一份，非常高兴。我妈把立功喜报送到街道管理委员会，也在我家门上挂上了"光荣军属"的牌匾。1953 年 10 月 25 日，我获得朝鲜民主主义人民共和国为志愿军立功同志赠送的军功章一枚。

1951 年 9 月，志愿军总部决定派我军一级战斗英雄郭忠田同志（原 337 团 3 连连长）回国汇报并出席民主德国国际联欢节，二级战斗英雄徐恒禄（原 337 团 8 连连长）参加向祖国人民汇报代表团，都是由我们团部女同志为他们牵马送行。我们年轻的学生兵对部队战斗英雄的战绩，都感到很新鲜、很钦佩，他们在战斗中英勇善战，不顾个人安危与美帝作战，真是我们学习的好榜样。

六十多年过去了，当年参加抗美援朝战争时青春年少的我们，如今已是白发老人，这一生我们经历了许多，但唯一难忘的是我们参加过的这场维护正义、和平的战争。

邓翠华

　　1933年7月生,广西马山人。1949年7月,参加中国人民解放军桂西游击队第三支队。1950年1月,任中国人民解放军第38军113师宣传队宣传员。1950年10月,随中国人民志愿军第38军入朝,先后任第38军113师宣传队宣传员,第38军113师炮兵团工作员、文化教员等。赴朝作战期间,随军参加了第一、二、三、四次战役的战地宣传和救护工作,其中有著名的穿插三所里与龙源里阻击战,荣立二等功一次。

邓翠华(右一)与战友合影

邓翠华(右一)与战友合影

邓淑君

1932年12月生，江苏无锡人。1950年2月入伍，参加中国人民解放军第9兵团20军知识青年训练班，不久知识青年训练班改为教导团。1950年10月，随中国人民志愿军第20军赴朝，分配在58师医疗队手术室。

我在朝鲜战场任战地救护

进入朝鲜，开始参加艰苦的朝鲜战争，战争是相当残酷的。我所从事的护理工作也是非常艰苦的，和伤员一起住自挖的防空洞，伤员多的时候要二十四小时连轴转，特别是对一些重伤员的护理更是高强度的体力劳动。手术室虽然只有我们两位女同志，但做的事和男同志无任何区别，抬担架、包扎伤口，甚至上山砍树搭建防空洞、翻山越岭背医疗用品及粮食等重体力活样样不落。我们在护理过程中，还碰到过因医疗用品质量差导致的悲剧，当时我们所用的急救包，有一些是国内不法资本家生产的，用烂棉花做的急救包，消毒不严，造成严重后果，有些伤员在战场上没牺牲，在受伤救治中用了烂棉花做的急救包后，却牺牲了。有一个连长，身材魁梧，又大又高，是个轻伤，就是用了这种急救包后，得了破伤风，发高烧，当时朝鲜的医疗条件相当差，缺医少药，后来那位连长不治身亡，我们感到无比痛心。

1952年年初，美国鬼子在朝鲜战场发动细菌战，对我志愿军住所投放老鼠等制造鼠疫，为避免伤员受到鼠疫感染，我们全力以赴，既做好抢救伤员的工作，又自制灭鼠工具，有效地遏制了鼠疫的蔓延，为此，我还获得荣誉勋章一枚。

虽然抗美援朝战争已过去六十多年了，但硝烟弥漫的战争场面仍历历在目，这是我终生难忘的经历，我为自己能参加这场保家卫国的战争而感到无比的骄傲。

1951年邓治清于朝鲜谷山郡花岗里坑道旁

邓治清

1933年生，四川简阳人。1949年11月入伍，进入解放军第11军军政大学学习，后分配到第12军31师91团卫生队任文化教员。1950年10月随中国人民志愿军第12军入朝。

青春无悔，人生无悔

1949年冬，我在四川简阳县女子中学读书，经音乐老师（中共地下党员）的指引，11月初报名参军，成为新中国第一批女解放军战士中的一员。参军后进入解放军第2野战军11军军政大学学习，毕业分配到12军31师91团卫生队任文化教员。随后跟随部队进军贵州剿匪，胜利完成任务后回到重庆，分到31师并到部队卫教队学习一年，之后又到12军后勤卫生学校学习。朝鲜战争爆发后，我积极申请上前线，1950年10月被批准入朝参战，随志愿军部队跨过鸭绿江，被分到前线的志愿军12野战军野战医院二所，成为一名光荣的志愿军野战医院卫生兵，先后经历了金城阻击战和举世闻名的上甘岭战役。战场前线救治伤员的环境异常严酷危险，我们女卫生兵除给伤员止血、包扎、换药打针等急救性工作之外，还和男卫生兵一样，冒着敌机的狂轰滥炸和扫射的危险，主动承担转运前线撤下来伤员的工作。1952年年初，我和战友们一起，不畏惧被病毒细菌感染的危险，上山寻找并扑灭敌机投下的带细菌和病毒的各类昆虫、老鼠，多次粉碎了敌人的细菌战。当部队爆发夜盲症时，给战友送药送水和男战友一起打坑道挖掩体，坚守在艰苦危险的前线。1953年7月27日，板门店停战协定签订后，12军整建制撤回祖国，而我随战地医院仍留驻朝鲜战场，执行看不见硝烟的战斗任务。当时归属志愿军后勤一分队，改番号为3205医院（又称机动医院）。新任务是学习、整顿，时刻等待着上级的命令，当时医院的条件十分艰苦，还要时刻做好防敌特、防洪水等工作。我和我的战友们，以高涨的革命热情和斗志迎接着新的挑战，在部队首长的重视和指示下，我利用自身特长，和战友们苦中求乐，积极组织参加各类文体活动，唱革命歌曲，自编自演战友们爱看的战地舞蹈，有力地鼓舞了战友们的士气，多次受到部队领导的表扬和嘉奖。

1951 年邓祖琪刚入朝留影

1951 年邓祖琪第五次战役后留影

邓祖琪

　　1934 年 8 月生，江苏南京人。抗日战争爆发后随家迁至重庆。1950 年 11 月入伍。同年随中国人民志愿军第 12 军入朝。

1952 年 12 月，从上甘岭前线归来，左起：王昭蓉、邓祖琪、白玉凤

我当过志愿军，我骄傲

　　1950年，刚满16岁的我踌躇满志地当上了中国人民解放军中的文艺兵。三个月后就离开家乡随部队跨过鸭绿江奔向抗美援朝保家卫国的战场。在朝鲜，我参加了第五次战役、金城防御战、上甘岭战役等。我们这些年轻的女文工队员，除了要频繁地进行战地慰问演出外，还要和男同志一样，在敌机敌炮的封锁下抢救伤员，运送战地给养。

　　战争的残酷锻炼了我的意志。上甘岭战役时，我们文工队组成了一支十三人的小分队去前沿慰问，我是其中五个女同志之一。在阵地上，我们不仅要慰问演出还要与战士们一道护送伤员。在狭小的坑道里，我们冒着敌人的炮火跪着唱歌，躺着拉琴、拉二胡。十三人在十二天中共演出了二十三场。

　　战争的无情让我感受到了首长、战友间的深深情谊。长途行军中，不时有战友抢过我的背包扶我同行，到了驻地，老同志不顾疲劳烧水给我烫脚挑泡。记得第五次战役行军中，我拉肚子，1号首长（尤太忠师长）就叫我拉着他的马尾巴走，2号首长（罗洪标政委）把我的棉大衣放到他的马背上为我减轻负重。首长的呵护备至，战友的亲密无间，点点滴滴记忆犹新。

　　我当过志愿军，我骄傲！

王昭蓉（中间正面者）、陈沦漪（侧面）在停战后与朝鲜老乡欢庆胜利

1952年丁桂芳在朝鲜留影

丁桂芳

　　1930年9月生，辽宁省庄河县人。1951年1月参加中国人民志愿军，在志愿军第8兵站卫生所从事医务工作。

回忆抗美援朝战争中救治伤员

　　1947年我的家乡解放，1948年8月我参加了革命，组织送我到大孤山普通干部学校学习。1950年，我又考入安东省立卫生干部学校。这所学校坐落在美丽的鸭绿江岸边，正当我在学校努力学习，准备为新中国的医学事业贡献力量的时候，让人没有想到的是1950年6月朝鲜战争爆发了。美国总统杜鲁门公然命令美军参战。很快把战火燃烧到我国边境，美丽的鸭绿江边失去了往日的宁静，美国飞机狂轰滥炸，火光冲天，硝烟弥漫。这一切激起了我和同学们的无比愤怒，为了保卫新生的共和国，我毅然报名参加中国人民志愿军，被分到志愿军第8兵站卫生所从事医疗护理工作。卫生所的驻地在宽甸县灌水区。我们团长叫康彬，后任团长叫常宝轩。

　　由于是战争时期，没有新兵训练我们就直接进了部队。虽然穿上了军装，但还不是真正意义上的军人，有件事我至今记忆深刻。新军装发下来，我们穿上后感到非常自豪骄傲，但是美中不足的是马裤太长不利索，我当时提议把马裤剪短。卫生所的女兵一致响应，大家一齐动手把马裤剪掉一截，马裤裤腿外侧缝的五个扣就变成了三个扣子。第二天早上我们穿着改过的马裤出操时被领导发现，领导让卫生所全体女兵出列，在全营官兵面前对我们自作主张的行为进行了严厉的批评。在领导和老兵的帮助下，我们认识到自己的错误，我们明白了作为一名职业军人要用严格的纪律约束自己的行为。坚决

1952年5月，丁桂芳（第二排右二）与战友们在边境上合影

服从命令，严格遵守纪律，这才是取得胜利的根本保证。从此以后，我们再也没违反过军纪。很快我们就投入了残酷的战争，经历了血与火的考验，完成了由老百姓到军人的转变，使自己成为一名真正的战士。

朝鲜战争爆发时，新中国刚刚成立不久，我们还来不及改变旧中国贫穷落后的面貌，就要面对武装到牙齿的美国侵略军。战地环境的艰苦，医疗救护手段的落后，是今天的医护人员无法想象的。卫生所的病房就是简陋的民房，病床就是用木板搭成的东北大通铺。前线送来的伤员由我们负责护理和治疗，护理还好说，伤员不能自己吃饭，我们一口一口地喂；伤员不能自己洗脸穿衣，我们帮助洗脸穿衣；伤员大小便不能自理，我们端屎端尿；伤员想家了，我们陪着聊天。我们竭尽全力地为伤员服务，得到了伤员的理解和尊重。提到治疗，那真是一个让人煎熬的过程。战士们受的多是枪伤贯通伤，每次换药，要把浸透鲜血已凝固的纱布一层一层剥开，缺少药物，我们只能用盐水清洗伤口，战士疼得浑身发抖，我们也是含着泪咬着牙完成这一操作过程的。那时没有输液设备，有的伤员需要输液，我们就用100毫升的大针管针头，抽林格氏液直接注射到伤员大腿内侧，这种深部肌肉注射每次的注入量是500毫升，伤员两侧大腿都肿胀得非常高，这个工作需要三个人共同完成，一个人抽药，一个人注射，一个人做热敷。看着伤员痛苦的表情，我们真是于心不忍，但还得坚持完成治疗，这就是当时真实的情况。

志愿军入朝后，前线战斗异常激烈，一次战役结束，就要有大批伤员转送回国。我那时虽然年轻，但胆子比较大，工作也泼辣，上级多次命令我赴朝鲜接收转运伤员。每次出发前我要把部队番号、家乡地址、姓名、血型写在衣服里子上，做好回不来的准备。我带几名战士坐大卡车从灌水出发，路过宽甸、永甸、长甸到鸭绿江边通过浮桥到朝鲜，路过大关、白上里等地最后到前沿。朝鲜地势险要，崇山峻岭，山路崎岖狭窄坑洼不平。平时在这样的山路上开车已经非常不容易，战时司机不仅要应对道路的险情，还要高度警惕随时出现的敌机轰炸。夜间行车一听到敌机的轰鸣声，司机马上关掉车灯，利用山边的树木作掩护，躲过轰炸再继续行车。一路上，时不时地有敌机轰炸，时不时地打照明弹如家常便饭一般。我亲眼见过路边被炸毁的军车，还有翻下山崖的军车。战争的残酷使我这个年轻的姑娘在这样的环境里居然忘掉了什么是恐惧，心中充满了对侵略者的仇恨。

到达目的地后，我立即参与对伤员的紧急救治，包扎伤口固定伤肢。因为缺乏器械，我们只好用木棍固定上肢，用好腿固定断腿。重伤员多，需要大量的镇痛剂，可是药品奇缺，轻伤员不用，重伤员疼痛难忍，一毫升的镇痛剂分开给两个人注射，根本起不到缓解疼痛的效果。听着伤员痛苦的呻吟声喊叫声，我难过得直掉眼泪。有时伤员失血过多需要输血。我是O型血，当时叫万能供血者。有几次从我血管里抽三百毫升鲜血直接给伤员输入，这是非常时期的非常规操作。换了今天，哪个医生敢冒这样的风险给病人输血？这是绝对不允许的。但战时为挽救伤员的生命也只能这样做了，能为战友献点血，为挽救他们年轻的生命起点作用，我心里也觉得好受一点。我把伤员由朝鲜接回国后，还要继续乘火车把伤员分批送到黑龙江、吉林等地的后方医院，虽然医务人员少，任务繁重，但是一回到祖国，心理压力缓解了不少，可以稍微松一口气了。全国人民全力以赴支援抗美援朝，各车站有军代表，他们随时和地方政府、医院保持联络，及时给我们送来生活必需品和所需药品，解决途中困难。到达医院所在地，医院领导和医护人员用担架把伤员抬上车，接到医院精心治疗。直到把伤势复杂的重伤员一路不出意外地送到医院，我们才算顺利完成任务，一颗悬着的心才算落到了地上。返回时我总是默默祝受伤的战友早日康复。我在志愿军第8兵站还执行过一项轻易不愿意回忆但也总忘不了的特殊任务——接烈士遗体回国安葬。车到第8兵站所在地灌水是白天，等天黑了，不论是医务人员还是行政人员，在卫生所所长老白安排下，两人一组，把遗体从车上抬下，没有很完整的遗体。我们提着马蹄灯小心翼翼地在烈士的衣服里仔细地寻找地址、遗物进行登记。但也有些没找到任何线索被归为无名烈士。我们再用剪刀把不整齐的衣服剪开放平，用白布包裹后进行安葬。灌水向南有条小河，过小河是条公路，公路向右转弯处，路边是个小山坡，这批烈士就葬在那里。不知墓地今天是否安在，也不知墓地前是否立有烈士纪念碑。更不知清明节是否有人记得为这些为国捐躯的烈士扫墓祭奠？

如今停战已经六十多年了，朝鲜战场的硝烟早已散去。我也由一个年轻姑娘变为白发苍苍的老人。但我至今忘不掉牺牲的志愿军战友那一张张年轻的面孔。他们都十几岁、二十几岁的年龄，为保卫祖国、保卫和平献出了宝贵的生命。我记录下这段亲身经历，就是想告诉后人：当年在极端艰苦困难的条件下，面对强大的美国军队，志愿军战友们硬是凭着自己顽强的革命意志，以大无畏的革命精神，用自己的血肉之躯拼赢了那场战争，捍卫了祖国的尊严。志愿军战士们的英勇事迹将永远载入共和国的史册。

杜念沪

1930年生，1948年考入南京金陵女子学院，1949年参军入华东军大，1952年随中国人民志愿军第12军入朝。

1954年4月，杜念沪回国上车前与朝鲜老乡握别

1952年12月，上甘岭战役结束后，杜念沪与志愿军106团团长武效贤合影

杜念沪和朝鲜小朋友在一起

1953年范道衡在朝鲜

范道衡

　　1928年6月生，重庆人。1949年入伍，1951年3月随中国人民志愿军第12军入朝，参加了第五次战役、金城防御战及上甘岭等战役。

1952年冬，从山下打饭回来的范道衡（左）、邱沛玲（右）

军政治部的部分女兵合影：戴一力、张晴、李长时、张英光、邱沛玲、范道衡（前排中）、陈光辉在驻地防空洞前

走过大风浪的青春

1949 年 12 月重庆刚解放，12 军宣传部长到我们女子师范学院动员知识青年参军，特别讲到小资产阶级知识分子的改造问题——需要锻炼。听完报告后，我们一大批同学到部队踊跃报名参军，投入了革命的大熔炉。

我刚入伍当的是文艺兵，半年后调入军政治部宣传部门做内勤工作，1950 年年底离开重庆到华北，在河北辛集住了段时间，准备参加抗美援朝、保家卫国的战争。1951 年 3 月下旬，我们从东北宽甸跨过鸭绿江入朝参战。

入朝时我们军部女同志大多被安排到基层，黎唯誌、丁百华和我分到野战医院院部（下面也有好几个分院），我们三人主要工作就是记录新华社广播新闻、编辑小报，我收音记录，黎负责材料编辑，丁负责刻印，战斗打响后还要护理伤员。

在朝鲜战场，当时的夜行军对我们没经过锻炼的学生来讲，是个极大的考验。那里山峦起伏，盘山路多又有溪流，常常要跋山涉水。白天有敌机轰炸扫射，部队都是夜间行军白天休息。我因工作需要，除了必要的行装外还要背着一个像木盒子似的收音机，在高低不平的山路上走，一不小心就把脚扭伤了，这还是刚入朝不久，是医院李政委的坐骑把我驮到了宿营地。以后的行军中，我的脚总是红肿疼痛，休息一段时间会好一些，后来听卫生员说，因为我是平底脚不可能完全好，我只好咬牙坚持行军。有时实在走不动掉队进了收容队，收容队人少，夜里经过密密的树林时心里非常恐惧，看不见战友也不敢吭声，硬着头皮往前赶，直到追上大部队才放下心来，过后再也不愿离开院部的同志们，紧跟大部队行军。

第五次战役，部队北撤过昭阳江，敌方封锁厉害，常常炮轰，敌机又来回在那儿侦察，并不断向地面扫射。我们跟着领队的过江，一路小跑，敌机来了就赶紧隐蔽，敌机走了又爬起来跑，那时已把生死置之度外，跑过敌人封锁线就是胜利。过封锁区，在山旁路边有不少朝鲜老乡抢修公路时牺牲了，被炸得血肉模糊、肢体不全，惨不忍睹。

在战争环境中，每天宿营的地方对我们来说也是锻炼。初入朝时还有民房或路边的破屋可住，没有房也可找到防空洞，总能遮风挡雨，可是越往南走连防空洞都没有了，只能露宿。那时正值雨季，经常下雨，只好在路边树下找块平坦点的地方，两人铺块雨布，挤在一起睡，上面再盖块雨布，睡得也很熟。直到第五次战役我们回到机关，才有了自己的床，那就是用树木铺的床，上面再铺些杂草，几个女战友挤在一起睡得也挺香甜。

过了"三八线"插入敌后那段日子的生活最苦，供给线长、物资供应不上，带的干粮又不多，我们只好挖野菜和炒面做菜团子吃，丁百华就因为营养不良得了夜盲眼，我一直脚痛，黎唯誌体弱，我们三个人在第五次战役中，常常是你拉我、我牵你，互相帮助走到目的地，完成了行军任务。

第五次战役一结束，我们三个都回到了政治部，经过金城防御战和上甘岭战役，1953年7月27日，停战谈判终于签字，停战后又过了几个月，1954年4月我随部队回到了伟大的祖国。

大浪也能挺过去，为革命奉献青春，我无怨无悔！

1953年在朝鲜前线，前排三人从左到右分别是邱沛玲、范道衡、陈光辉

弓世凯

1929 年 10 月生，山西沁源人。1947 年 7 月参加革命工作并在同年入党。1950 年 12 月参军，1951 年 3 月随中国人民志愿军第 60 军总医院入朝，先后在总医院药房、180 师收容所任卫生员、组长。

我曾是炮火下的女兵

行军时被马车拉着跑

1951 年 3 月，我随 60 军总医院入朝，分配在药房工作，我们三四个女同志跟一辆马车行军，车上装满了药品。领导交代，人在，马车、药品就得在。部队刚过鸭绿江不久，就遇到了美国飞机的轰炸，白天无法多走，晚上行军又有敌人照明弹的威胁，如被敌人发现，就会引来敌机的狂轰滥炸，这时，我们只得就地停下不动，等敌机飞走后，再往前走。有一次，我们有两个女战士实在跟不上马车了，只好用背包带一头捆在马车上，另一头捆在自己的腰上，被马车拉着跑，这样虽然很累，但始终没有掉队。

难忘牺牲的小战士

一次，我们小队到了一个被敌机封锁的山坡上，无法前行，只得就地隐蔽观察。和我们随行的一个警卫员，主动要下山去侦察情况。当时，敌机还在俯冲轰炸，我们非常焦急，等了很长时间，那位小战士下山后再也没有回来。我们估计他可能在敌机的轰炸下牺牲了。我记得他个头不高，矮矮的，胖胖的，他叫什么名字我们记不起来，但他的音容笑貌至今没有忘。每当回忆起这件事，我就禁不住流出了眼泪。他是一位好同志、好战友。可他的家在哪里？他的父母在哪里？谁也不知道。

白衣战士多荣耀

在炮火连天的战场上，我真正见识了战争的残酷。我们卫生营每天收治大量从前线送来的伤病员，我看到后既心疼又害怕，因为这些受伤的战友多是缺胳膊少腿，五官面目损伤严重。冬季里冻坏的伤员，常常为了保住生命，只得锯掉被冻坏的肢体。看到这些伤员，开始我们不太敢接触，领导就教育我们说："这些受伤的战友，都是我们的阶级兄弟，为了保家卫国，他们负了伤、流了血，是光荣的，更是伟大的。我们要团结起来，关心战友，消灭敌人，直到打败侵略者。"一般轻伤员留下就地治疗，重伤员送到后方医院，更重的送回国内。护送途中，我们和伤员都乘大卡车。冬季，朝鲜的天气格外寒冷。途中吃喝也很困难，当我们将伤员安全送达目的地时，便感到非常欣慰，深深感到白衣战士的荣耀。

行军打仗　女兵困难多

我们是作战部队，年轻人较多，也有不少女兵。由于女战士的生理特点，自身遇到的困难更多。行军打仗，是根本买不到卫生纸的，我们教导员就动员男同志拿出多余的衣服给女兵用，仍解决不了多大问题。我们曾经用玉米叶当卫生巾用，有些女同志腿磨破了仍继续行走。由于战场的危险和紧张，不少女同志慢慢地停止了月经，直到战争结束回国以后，才逐渐恢复了正常。

弓世凯（左）与战友刘秀兰

弓世凯（第二排左二）与战友集体照

韩德林

　　1933 年 7 月生，湖北红安县人。1949 年 10 月入伍，第 12 军军大 3 大队 22 队学员，1950 年分配到第 12 军 34 师通讯科，1951 年随中国人民志愿军第 12 军入朝。

1951 年韩德林在朝鲜

1951 年韩德林在朝鲜曲乙里师部防空洞门口看书

韩德林在小溪边洗衣服

韩德林（右）和战友合影

1951 年韩德林（右三）在朝鲜曲乙里师部与战友的合影

1952 年贺应芳于朝鲜

贺应芳

　　1929 年生，重庆人。1951 年 3 月随中国人民志愿军第 12 军入朝，不久调师部宣传科任战地记者。参加了第五次战役、金城防御战、东海岸反登陆设防。

1953 年春，贺应芳（左）在朝鲜东海岸元山郡龙楼里与朝鲜房东阿妈妮合影

1953 年 4 月，贺应芳（前排左）在朝鲜东海岸与 34 师战斗英雄下部队宣讲时合影

朝鲜战场上的经历

1951 年 3 月 23 日，我怀着抗美援朝保家卫国的满腔热情，背着沉甸甸的行装，跟随 12 军 34 师雄赳赳气昂昂地跨过了鸭绿江。第五次战役后，我从师文工队调到师政治部宣教科工作。起初主要是深夜抄收新华社的新闻，摘编后次日印发到连队。后来师里又让我做记者工作，三年的战地记者虽然不长，但却令我终生难忘……

从入朝第一天开始，我们就连续十八天夜行军。接着第五次战役打响，又是先后数十天在敌群中穿插迂回，脚掌上的水泡干了又起，起了又干，反反复复已练成一双铁脚板。但问题是，过去是和文工队的战友在一起，集体行动。当记者必须经常深入连队单独行动，而且部队驻地分散，常传有敌特出没。怎么办？我的原则是绝不让人感觉女兵胆小无能，绝不让人护送，在困难面前绝不退缩。好在团里、营里、连里经常有人来政治部办事，我抓住一切机会，随他们前往。

"住"的问题，曾令我一次次深深的自责和不安。那是我第一次下连队采访。晚上，连里安排我住进一个防空洞，说那是"多余的"。第二天拂晓，我起身往外一探头，发现洞后不远处竟站有哨兵。我的头嗡一下懵了。我立刻明白过来，这间防空洞根本不是"多余的"，显然是为了照顾我挤出来的，而且为保护我的安全特意派了哨兵。我知道，在前线，每个战士都是宝贵的战斗力，我没有任何理由增加他们的负担，我流泪了……我恨自己为什么是个女的！从此，我每下连队，就把自己的背包扔在指挥员的通铺上，晚上就在那里和衣而眠，次数多了，大家也都习以为常，夸我随和，不娇气。

刚入朝时，由于卫生条件差，经常几十天不能洗澡，许多人都长了虱子。为此，我率先剃了光头，很多女兵效仿我也剪下了心爱的大辫子。

朝鲜的冬天寒冷而漫长，我们经常要在冰冷的河水里蹚水过河，许多女同志例假停了。记忆中最危险的一次，是行军中我实在是太困了，走着走着竟睡着了，差点掉下了悬崖！

那是英雄辈出的年代！也是崇尚英雄的年代！我作为第 12 军唯一的战地女记者，有幸成为军战地宣讲组的成员，和英雄们度过了一段难忘的时光。

那段时间是我在朝鲜战场上过得最轻松、思想最丰收的日子。每天和英雄们朝夕相处，一起爬山、涉水、赶路、聊天，听他们给部队做报告，讲述英雄的故事。一场报告，又一场报告，场场报告都使我兴奋、感动，深受教育。

1951 年 6 月第五次战役后，在谷山休整时 34 师文工队女兵班合影。贺应芳（二排左三）时任班长

1951年6月第五次战役华川阻击战结束后，在59师司令部文工组办公室留影（胡华敏为中间站立者）

胡华敏

1935年5月生，浙江宁波人。1950年2月入伍，分配到第20军教导团，1951年随中国人民志愿军第12军入朝，在第五次战役华川阻击战中荣立三等功。

军务科部分同志与朝鲜阿妈妮（大娘）一起分享收获的快乐

在朝鲜，我没有向困难低过头

第五次战役一开始，部队就连续不断地行军、打仗，每天都要求准时到达集结地。我当时在第 20 军 59 师政治部任文书，战役前夕政治部临时组建了俘虏管理处，由保卫科崔平同志负责，共十几个人，包括多种语言翻译，我只管统计被俘人员数量、国籍、级别等基本情况。朝鲜战场无前后方之别，我们无制空权，美机无论白天黑夜利用其优势，随意乱炸，我们随时可能遇险。行军途中经常要冲过敌人的封锁线，所以行军多在傍晚开始，第二天凌晨在山上树林中宿营，紧张的洗漱之后，抓紧休息以利傍晚继续行军，身上还背了不小的背包，每人还加了一条几斤重的米袋。

参加战斗的头一天还算好，第二天、第三天就不同了，两条腿不听使唤，酸、痛、硬、重，坐不下来，站也站不起。更麻烦的是上厕所，蹲不下去立不起来，女兵们就约好，相互帮着拉一把。双脚起泡，晚上用热水浸洗，挑破水泡。有的只想倒地就睡，不愿洗泡，但也只得撑着完成，如果当晚不泡，第二天行军就更困难了。走到深夜，个个疲乏，夜深人静谈笑声没有了，有人困了被一跤跌醒，发现已经与前面的人拉开了距离，后面的人立即帮助扶起来，再继续努力追赶，有的脑袋已经昏昏欲睡，双脚仍在向前迈进。在行军中，我经常会跌跤，尤其在山高路不平，乱石多，时有凹处水坑，都会不时被绊倒或踩上水坑，污水四溅……

面对种种困难，我不低头，不退缩，不怕苦，不怕死，因为我们是为保卫祖国和朝鲜的安全，即使牺牲了也重如泰山，是光荣的。

胡华敏（左二）与志愿军女兵在防空洞门口合影

胡顺（左）在朝鲜与战友张海燕（右）、黎萍（中）合影

胡顺

1934 年 10 月生，浙江江山人。1949 年 5 月在安徽屯溪女中参加中国人民解放军第 12 军文工团，1951 年 3 月随中国人民志愿军第 12 军入朝，并荣立三等功。

1952 年 5 月 4 日从朝鲜调回河北高邑西张村参加 12 军随校四中队学习时的合影，战友：李正廉、邱鸣谐、胡顺、张子茹、陈锡媛、覃驷、饶裕律、王娟、计秀、王筠、王瑛、张海燕、梁毅、熊永纹、黎唯、李忠玉、陈心泰、吴田、陈镜、王显容、贺泽美、那凤鸣、王明词、曾富源、张谨瑜

胡湘

1934年生，浙江平湖人。中国人民志愿军第23军文工团舞蹈演员。部队赴朝参战后，战争环境不能正常演出，文工团就分为一个个小队，深入前沿阵地慰问部队。她和战友们冒着炮火，翻山越岭，爬过烈士的遗体，带着军师首长的关怀，看望战斗中的战友，大家深受鼓舞。她为战士们缝补衣服，见到棉衣扣子掉了，就将自己衣服上的扣子补上，保证了战友的温暖。环境允许表演时，她的舞蹈和小节目都受到了热烈的欢迎，她和女战友们都被称为"三八线战场上的鲜花"。

黄勇争

1933年10生，四川内江人。1949年12月入伍，1950年在第12军二野军政大学学习，1950年分配在第12军随校三大队文化教员，1951年随中国人民志愿军第12军入朝。

黄嘉和战友一起表演自编自演的"护士舞"

战斗间隙，革命军人高唱革命歌，黄嘉（背影）在指挥大合唱

黄嘉

1935 年生，四川北碚人。1950 年 11 月入
伍，经考试合格被解放军二野第 12 军后勤卫
生学校录取学习。1951 年随中国人民志愿军第
12 军入朝，在军医科任科员，在后勤卫生野战
医疗二所，先后担任护士长、副排长职务。

我在朝鲜的日子里

在异国战火纷飞的战场，我参加了金城防御阻击战、1952年秋反击战以及中外闻名的上甘岭战役；经历了战地抢救伤员疗理战伤，并向后方战地医院转运伤员；经历了反细菌战，扑消敌机投下的带细菌和病毒的昆虫和细菌弹。在部队后勤供给线被敌方封锁时，仍坚守坑道，细心护理伤员，并和男战友一起，冒着敌人的炮火，打掩体修挖防空洞，上兵站医院扛粮食上山……在严酷的战场环境中，我利用自己的文体特长，利用一切空闲，组织战友欢唱革命歌曲和自编各种战地舞蹈。当时战友们最爱唱的歌是《志愿军战歌》《歌唱祖国》《阻击战之歌》《金日成将军之歌》等，最爱看的舞蹈是《护士舞》《工兵舞》等，歌声和舞蹈鼓舞着战友们的斗志和士气，寄托思念祖国之情。

1953年朝鲜停战，12军整建制回归祖国，我随二所全体战友仍留驻朝鲜战场，并上调到志愿军后勤二分部（3205医院，又名机动医院），直到1955年10月底随大部队撤回祖国。

1951 年 11 月黄明在操作电台

黄明

1930 年 1 月生，湖北谷城人。1948 年 7 月入伍。1951 年 7 月随中国人民志愿军第 12 军入朝。曾任第 12 军 36 师文工团员、34 师保卫干事。

1951 年 12 月，与爱人蒋国钧（第 12 军 34 师副师长）在 34 师驻地

黄明与组织科战友在朝鲜兴仁里

1951 年贾明端留影

贾明端

1932 年 2 月 生，四 川 合 江 人。1949 年 12 月入伍，在第二野战军西南军政大学习，毕业后，1950 年调第 12 军政治部行政科任文化教员，1951 年年底随中国人民志愿军第 12 军入朝，任文化工作员。

穆惠

1931 年 2 月生，河北曲阳人。1949 年 12 月参加中国人民解放军，1951 年 12 月随中国人民志愿军第 12 军入朝。

贾梅

1935 年 8 月生，哈尔滨人。1949 年 5 月参军，1950 年 10 月随中国人民志愿军第 50 军入朝。

忘不了您，金顺玉阿妈妮

"穿针"老照片是 1952 年冬季，在战火纷飞、硝烟弥漫的朝鲜战地上，我同朝鲜金顺玉阿妈妮（老大娘）的合影。当时我是中国人民志愿军第 50 军政治部文工团团员，驻在朝鲜西海岸一个叫青杜里的村子。我的房东阿妈妮，年已花甲，坚毅勤劳，特别慈祥。她的几个儿子都参加了朝鲜人民军，在前线和敌人浴血战斗，家里只剩下儿媳和小孙子、孙女，没有男劳力，加上粮食短缺，日子过得很艰辛。她的儿媳们除了忙农活，还要做很多支前的事，很少有时间做家里活儿。金大娘忍受着残酷战争带来的困苦，克制着对前方亲人的思念，不顾敌人随时侵袭，拖着虚弱的身体，总是忙碌着家务。

一天，我正根据团里部署，在屋里背诵演唱的台词，猛一抬头，看见满脸皱纹的金大娘坐在门口缝补衣物，舔着手里的线，一次次地穿针，怎么也穿不进，我赶忙跑过去，拿起针线帮金大娘穿针。正巧，军政治部摄影记者姜峰拎着照相机来团办事路过门前，他抓拍了这个瞬间，抢拍下这个镜头。

这幅照片不仅留下我和朝鲜金大娘的合影，更真实地记录了中朝人民亲如一家的情景。这是中朝人民在战斗中结成深厚友谊的一个缩影。当年《解放军画报》以"穿针"为题，刊登了这幅照片，此后全国不少画报进行了转载。作为珍贵的历史资料，1959 年解放军画报社出版的《光荣的中国人民志愿军》画册，第 200 页用一个页面刊登这幅照片。

凝视"穿针"这幅照片，眼前就浮现出抗美援朝战争中，中朝人民患难与共、情深义重的许许多多的感人事迹。朝鲜父老兄弟姐妹，对志愿军一往

情深，关怀备至。我们房东尽管自己吃、烧、用都紧张，还经常给我们烧开水、烧洗脚水、烧火坑，常常送来好吃的朝鲜咸菜。房东金大娘特别喜欢我们女兵，见面总是笑眯眯地说："小斗毛（小同志）辛苦了。"摸着我身上的衣服，拉着手，比画着嘘寒问暖，看个没够。朝鲜人民非常乐观，能歌善舞，还热情地教我们唱歌跳舞。每逢他们民族节日，都邀我们联欢，一起尽情地唱啊、跳啊。还拿出朝鲜民族风味的"打糕"（用糯米制作的食品），让我们品尝，共享节日的欢乐。

焦楚玲

　　1932 年生，1949 年 4 月
在浙江淳安参加中国人民解放
军二野第 12 军文工团，1949
年 11 月随部队进军西南解放
了重庆，1951 年随中国人民
志愿军第 12 军入朝。

朝鲜珍忆拾遗

阵地上飘起了"红蝴蝶"

　　在朝鲜那些日子，战士们除了参加战斗外，休整期间经常就是开会……
到了冬天，满目只看见一片片的皑皑白雪。生活十分枯燥、单调。但只要文
工团员们下部队来，他们都十分高兴，笑声不绝。我们文艺女兵都留着长辫
子，系辫子都是用胶圈或从破军衣上撕下一条条布条。军里政委派人回国（到
安东）买了几匹红绸，撕成绸带发给女兵。只要下连队，每人必须扎上……
自此后，只要我们下连队，整个军营都沸腾了……战士们一片欢呼声："红蝴
蝶飘来了！"

向苏联老大哥学习

　　过去，部队里不分男女，都穿一样格式的军装。看了苏联电影，见苏联
军装男女服装各异（女兵穿裙子），都十分羡慕……12 军首长决定："向苏联
学习！"后勤部从安东找了许多裁缝，专门为我们这些女小兵量身裁剪。从
此，我和女同志们，第一次夏天穿上了连衣裙，秋天穿上了套裙，扎上斜皮带，
还穿上了筒靴，辫子上扎上了红绸带……

"鞭炮舞"和"阿里郎"

　　进军西南前，团里派我和另五位同志去南京野政文工团学打腰鼓和舞蹈，

前排（从右到左）：罗素君、焦楚玲
中排（从右到左）：谭衍、吴志顾、江凝
后排：郭生淦

回来教给大家。进军西南时，每解放一个城市，腰鼓队同志的背包交给后面的大同志们背。我们腰鼓队打着腰鼓，唱着"约法八章"，动作整齐而笑容满面地和着腰鼓节奏，歌声嘹亮地举行"入城式"。道路两边挤满了老百姓，他们欢天喜地地叫着："欢迎！欢迎！热烈欢迎！"

在朝鲜，首长派我去平壤向朝鲜人民军学朝鲜舞。回来后，除了教给大家外，演出时还和任静同志跳儿童舞"阿里郎"和"鞭炮舞"，受到战士热烈欢迎。

记得是1952年三八妇女节，与朝鲜人民军联欢。我和任静跳"鞭炮舞"。我俩头发挽得高高的，扎上了大红绸结，身穿一套定制的红绸衣裤，前胸还穿上了一个儿童式围裙……这套舞蹈的动作表现了儿童的天真无邪和活泼可爱。我俩已跳得很熟了，表演时尽量跳出儿童的天真烂漫……台下掌声热烈不断……有一次，跳完了谢幕时，突然从台下跳上来两个战士，他们以为我们只有八九岁，一把抱住我们想把我们举高，不料竟抱举不动，加上我俩也十分不好意思地挣扎，却都摔倒在舞台上……台下战士们则高声大叫"好！好！"掌声雷动……

大王贵和小王贵

《王贵和李香香》是我们在部队演了很久的经典歌剧。大王贵由贺增德同志（我们的队长，太行山时期参加革命的老同志）饰演，小王贵则是由我饰演……一眨眼，几十年过去了。前几年，贺队长满八十岁时，翻出这张老照片放大装在相框里，挂在台子上。台下的战友欢声雷动、热烈鼓掌要我们上台再合拍一张特殊的照片。

1953年，我们在朝鲜东海岸打防御仗。12军政委了解到绝大部分战士来自农村，既不识字，更从来没有照过相，即命令全军宣传科的摄影记者集中起来，下连队为每个战士照一张相片。他说："很有意义。留下来，活着回国可作纪念；牺牲了，就可以作遗像，送回家乡……"

于是，就为我也留下了一张"特殊"意义的相片。

第一次穿上了花毛衣

在朝鲜的冬天，大雪纷飞，洋洋洒洒一下就是几个月。我们这些女文艺兵，年纪小，且都来自南方。上级除了发布棉衣裤外，还给每人发了一件卫生衣（比单衣厚，里衬是棉绒）。但因天气太冷了，我们手脚还是都长满了冻疮，很多人都感冒了。

队里的尹玲和赵福生两位战友被派回国（丹东）去做演出时的戏衣。临行前，有同志请她们帮买一件毛衣。不料，尹玲从祖国回来时，却给每个女兵买了一件花毛衣。这一下，女同志们高兴得跳起来了……要知道，这群女兵大部分从小就没条件穿毛衣啊！

和朝鲜人民军联欢

在抗美援朝战争中，文工团员们在战争空隙中，既是宣传员（下连队搜集英雄事迹，及时编写和赶排、演出，以鼓舞士气），又是后勤工作人员，在炮火中抢救、运送伤病员；部队休整时，下部队参加扫盲，教战士认字，帮战士写家书。在战争紧张时刻，甚至携带首长命令，冒险穿过封锁线，到最前沿向战士宣读首长的进攻令……祖国慰问团来了，充当接待员……还到友邻部队参加演出和联欢。记得在一次与朝鲜人民军联欢时的宴会上，人民军的一位首长，举起酒杯激动地说："请大家干杯！太感谢你们了！今天，说起来是请你们吃饭，实际上，这餐桌上除了水以外，全是从中国运来支援我们的……"他哽咽着说不下去了……下面响起了热烈的掌声。

从左到右：
后排——吴志颀、罗素君、肖远珍、谭衍
前排——张毓明、江凝、焦楚玲（那时叫章宜人）、任静

蒋昭瑜

　　1932 年生，四川内江人。1949 年 11 月参军入第 12 军军政大学。毕业后分配到 35 师 103 团组织股，1951 年 3 月随中国人民志愿军第 12 军入朝，在 35 师野战医院任副班长。

蒋昭瑜（左）与朝鲜房东

蒋昭瑜（左一）与战友合影

1951 年，蒋昭瑜（右）与谭笑林在朝鲜

兄妹一别竟成永恒

我哥是在全国一片抗美援朝、保家卫国的热潮中私自离家出走参加志愿军的。当时我劝他留在家乡照顾爹娘呵护妻子，抗美援朝家里有我去就行了，他执意不肯，于是他就成为我 12 军 35 师教导队的一名战士。我们一块由四川到河北深县，再转辽宁宽甸，从长甸河口徒步涉水蹚过鸭绿江踏上朝鲜国土。

在朝鲜我们兄妹曾两次偶遇。第一次是在入朝的第五天行军中，我们两支队伍相向而行，我突然看到了哥哥，我就大声叫他，他一看是我就向我跑来，我们在异国相遇，心情都非常激动。彼此滔滔不绝地述说着行军中的故事，表达自己要抗美援朝的决心，边走边谈，完全忘记了行军的疲劳，因离部队渐远，为赶上部队只好依依惜别。

第二次相见是在加里山下的洪杨公路上，我们野战医院是从加里山带着轻彩号向北转移，他们教导队是到加里山上去抬我们医院留下来的重彩号转移后方。我远远地看见一个瘦高个扛着担架，很像我的哥哥，我就离开队伍向他跑去，跑近一看真是我哥，我就紧紧地抱住了他，连声叫着："哥哥，哥哥，我太想念你了……你怎么啦，为什么这么瘦？"我哥小声说："我病了。"于是就向我讲述了他在第五次战役中的情况。

他说："我们的任务是为战斗部队送弹药，抢救战场上的伤员，抬担架转移伤员到医院……每次送伤员到医院时我好想去看你，可没有时间……在过清川江时，我的担架被炮弹炸断了，好险啊，可我没有受伤……上有飞机，下有地雷，还要穿过铁丝网，背着一箱炮弹跑，真是太累了，但我挺过来了……

蒋昭瑜（左一）与战友合影

我是病了，浑身无力，就像虚脱的感觉。但你放心，这次从加里山转移彩号的任务，我一定要完成，我一定能完成。"

我想说些安慰他的话，可说什么呢？我什么也没说出来。最后在分别时说了一句："好吧，我们在朝鲜战场上看谁表现好，看谁能立功。"临别时我再次嘱咐他，到休整地谷山以后，一定要来看我。

到了谷山，我天天想，天天盼，希望哥哥能早一些来看我。可是他一直没来，我就找指导员请假要去找我哥。指导员说："这里到处是特务，你一个女孩子太危险，不能去，我帮你打听打听吧。"又过了几天，还是没有消息，我又去找指导员说："我要去找我哥哥，不管多危险，我一定要去。"这时指导员才沉痛地对我说："你哥哥蒋伯衡已经牺牲了。"我当时犹如五雷轰顶，差点晕过去，一会儿才忍不住大哭起来。

哪能想到，洪杨公路上匆匆一别，却成了我们兄妹的永诀。

我哥是怎么牺牲的，他的遗体在哪里？我一概不知。后来也曾寻机到教导队打听，但毫无结果，这成了我终身的遗憾。

五十多年后，我见到了我哥的班长李兆伟，才知道了事情的真相。在他的《家事》一书中是这样写的："同区队的战友蒋伯衡，他是谭笑林副师长的爱人蒋昭瑜的亲哥哥，他也是个学生兵，他积极响应号召参加了志愿军，可惜在北返途中，被飞机投下的汽油弹烧死在我身边。"

1950 年 10 月，李慧任第 12 军 35 师文工队员在重庆市沙坪坝留影

李慧

1932 年 5 月生，四川合川人。1949 年 12 月参加中国人民解放军。1950 年 3 月分配到第 12 军 35 师文工队工作。1951 年 3 月随中国人民志愿军第 12 军入朝。1953 年 1 月调 35 师教导队学习，后分配到第 12 军 35 师司令部任文化教员，在朝鲜参加了第五次战役、金城阻击战、东海岸反登陆设防等。

1952 年冬，第 12 军 35 师文工队在朝鲜金城前线排练节目，左二为李慧

1952 年 6 月，35 师宣教科长杨锦华和李慧（右）在朝鲜金鹤洞第 12 军 35 师指挥部外合影

冰天雪地战友情　枪林弹雨扬歌声

李慧口述，杨娌娅代笔

　　1951年年底，抗美援朝第五次战役后，我们第12军35师文工队驻扎在朝鲜金城前线金鹤洞。离前沿阵地虽然只有二十多里路，但途中要通过多处敌人的炮火封锁线。每次到部队演出，我们都要分成几个小分队，有时还要带上大红花和祖国送来的慰问品，每人拉开十米至二十米的距离，迎着敌人的炮火前进。到了前沿坑道的连队，又要分成几个演唱小组，分散到每条坑道中，到班排的各战斗小组巡回演出。每个演唱小组一般都由三个男同志和两个女同志组成，我经常是和拉二胡的马正中、能歌善舞的庄裕民、说快板书的关荫堂在一个小组。晚上七八点钟过封锁线，部队的通信员领着在战壕里跑，遇到敌人的照明弹就要卧倒，都能听到美国人在山头说话的声音，而山底下12军各部队开凿了很深的防空洞。由于坑道的限制，我们演出的主要是歌曲、快板、小舞蹈、数来宝、二胡独奏等短小精悍的节目，如《美国兵十大怕》《王大妈要和平》《歌唱二郎山》《慰问志愿军小唱》《英勇山炮第一连》等。

　　为了让每一个战士都能看到节目、听到歌声，到了前沿阵地，不管有几个战士，都要演出。有的猫耳洞直不起腰来，我们就跪在地上唱。有的战士正在挖工事，我们就站在战壕边演唱。有的前沿阵地被敌人的炮火和机枪封锁，实在不能去，我们就拿起话筒在电话里唱。阵地上的舞台坑洼不平，我跳舞时还摔了个跟头，可战士们还是很热情地鼓掌。文工队基本上是四天在前线，三天回来洗衣服和编节目，稍微休整一下又上前线去了。经常即编即演节目，随时了解到部队的英雄人物和事迹，就在节目中说唱出来，使战士们惊愕得合不拢嘴，备感欢欣鼓舞。记得1951年12月9日夜，103团5连七人深入敌轿岩山阵地，取得连续爆破敌人七个碉堡、歼敌五个班的胜利。文工队的说唱节目《夜袭轿岩山七勇士》就传唱开来了。12月30日，105团侦察排又在座首洞西南两公里的敌人前沿，乔装成朝鲜妇女，冒着风雪严寒，设伏七昼夜，终于将敌人诱出阵地，取得俘敌两人、毙伤敌二十余人的战果。我们深受鼓舞，把这次化妆捕俘战斗编成"四川评书"《侦察员巧计抓俘虏》，在阵地上到处演唱。

1952年9月，朝鲜江原道文艺队来慰问演出与第12军35师文工队合影，第三排右一为李慧

1952年在朝鲜金城前线第12军35师文工队慰问坦克部队

　　我们文工队员来到基层部队的日子，就是前沿阵地战士们的节日，战士们把祖国慰问团带来的水果糖悄悄留着，要留给文工队员们吃。台上演员们怀着崇敬的心情，声泪俱下地演唱，台下战士们齐声鼓掌，也感动得热泪盈眶，文工队员们和战士们结下了兄弟姐妹般的情谊。慰问演出经常要到下半夜才结束，朝鲜的冬天冰天雪地，有零下二十多摄氏度，从坑道里出来，战壕里积雪都已深至大腿了。战士们在前面铲雪开路，随时防备着敌人的飞机和冷枪冷炮，护送着文工队员们通过封锁线，但还是有许多的志愿军女兵们，把鲜血洒在了朝鲜的土地上。

　　那是1951年10月下旬，35师文工队的驻地遭遇飞来横祸。当时35师司政机关驻地在沙采洞，就在师机关上了阻击战阵地离开沙采洞、师文工队搬过去的当天晚上，我和叶豪、刘淑云负责站岗。为了防备敌机空袭，所有的窗户都要遮挡严实，不知是当时的朝鲜少先队员们开会泄露了灯光，还是特务的指引，夜里12点左右，沙采洞驻地突然遭到敌机的猛烈轰炸，敌人扔下十几颗炸弹。刹那间，山摇地动，一声声爆炸巨响震撼着山谷。周围的民房炸得千疮百孔、残墙断壁。一匹军马的嘴巴被炸掉了，倒在地上发出阵阵哀鸣。师政治部秘书科的秘书吴嘉元，也是师政治部主任鲁之沫的爱人在轰炸中牺牲了，同时牺牲的还有文工队中浙江籍的女队员陈梅。和我在山口站岗的男队员叶豪，脚后跟被炸弹片削去一块，露出了骨头。政治部秘书张济普和文工队员刘君竹臀部被炸伤，鲜血直流。队员罗素君的腿部炸开了一条口子，新发的马裤也打穿了。这次轰炸使35师文工队伤亡多人，大家心情十分沉重。在凄凉的月光下，文工队员们默默地给她们穿上新军装，用白布将战友们的遗体裹好，掩埋的时候哭声一片。师首长做了简短的悼词，号召大家要化悲痛为力量。我在抢救伤员、搬运逝者时都没有哭，这时却泪流满面，旁边的人惊呼："李慧，你的脸上也流血了！"我用手一摸，不觉得疼痛，以为只是蹭破了皮，并不在意。但是，2010年我七十八岁时发生了一次脑血管梗塞，在医院无法做核磁共振，被告知头脑中有金属异物。经过检查后才发现，当时的一小块弹片钻进了左耳朵的后下部，已在我的颅脑中待了几十年了。

李黎燕

　　1932年生，浙江杭州人。1949年5月参加中国人民解放军，为第23军文工团独唱演员。参加志愿军后，就不断奔赴前线，在前沿阵地上、一条条的坑道里，为大家歌唱。有的战士在执行任务没有听到，她就用电话唱给战士一人听。1953年夏季战役时，通往前线的回溪渡口是敌人的炮火点封锁区，许多的同志都在那里牺牲或负伤，部队就在渡口边专设了一个广播站，鼓舞大家不怕危难冲上战场，李黎燕和战友成为那里的专职广播员，不断将战斗口号转换成歌声和快板等形式，鼓励前线的指战员更勇敢地投入战斗。

1953年在朝鲜前线坑道，通过电话为战士唱歌的李黎燕，伴奏者为李庚禹

石砚洞北山战斗时的"回溪渡口"

朝美"回溪渡口"广播站，李黎燕和战友正在播音（1953年夏季战役石砚洞北山战斗时摄）

战地女文工队员，左起：李利、郑俊、邓祖琪

李利

1932 年 4 月生，安徽寿县人。1949 年 3 月入伍，同年参加渡江，进军西南，1951 年随中国人民志愿军第 12 军入朝，任文工团团员。

我经历的第五次战役

1949 年 3 月，安徽寿县和平解放。解放军第 12 军进驻了寿县，他们纪律严明，不拿群众一针一线，人民军队优良的革命作风赢得了老百姓的信任和赞誉。当时 12 军文工团在演大型歌剧《血泪仇》，我就约上同学马明一起去看。我们从来也没有看过这样的歌剧，而且剧情那样感人，演员演得又这么好，使我们激动不已，同时也潜移默化地受到了教育，于是我和马明找到了 12 军文工团，报了名要求参加文工团。

参军后，我经过渡江战役和皖浙千里追击战的考验，于 10 月光荣地加入了中国新民主主义青年团。

1949 年年底，部队进军到重庆后，在北碚我光荣地加入了中国共产党。1950 年 3 月，我们光荣地参加了中国人民志愿军，北上入朝，参加抗美援朝保家卫国的神圣战争。

在抗美援朝战争中，我们文工团的张展团长，用他的人格魅力把全团一百多人团结起来，参加了最艰难的第五次战役。我们在团长的带领下，为战争的胜利去拼搏、去战斗！记得最深刻的还是第五次战役第二阶段，有好几天部队都处于弹尽粮绝的境地，每天靠挖野菜充饥，生活异常艰苦。这时我们的张团长拿出了上级配给团级干部的仅有的几根香肠，用小刀切成一片一片分给在场的每一位同志，同志们边细细地咀嚼边流着泪……这种崇高的革命友情正是我们最终战胜号称世界第一军事强国的美帝国主义的有力武器，部队的战斗力、凝聚力在这种崇高革命友情中得到了升华。现在我们的张展团长已经病逝，但我们不会因为他病逝多年而忘记他，反而会越来越怀念他，他的音容笑貌永远铭刻在我们心里。

第五次战役回撤途中，部队正加快脚步冲过华川湖封锁线，这时战友黄海掉队了，于是我担当起了收容任务。华川湖位于榆村里到北汉江大桥之间，一面是悬崖绝壁，一面是数十丈深的湖水，一条公路只有五六米宽，上去的部队和撤下来休整的部队都要途经这条唯一的通道，再加上各种车辆，稍不当心，人员车辆就会被挤下山崖。在过敌机封锁线时，行军速度加快，有时连走带跑，还要死死盯住你前面的战友，一旦跟不上，就很难找到自己的队伍了。黄海掉队后，心情特别紧张，看到我找她来了，才松了口气，一路上我们互相鼓励，想努力追上大部队。我们随着涌动前进的部队，通过了封锁线，黄昏的时候进入了华川市区。我们在市中心一个山坡上休息，敌人的飞机来了。突然，我们的头顶上空出现一个剧烈的闪光，一颗空中爆炸弹炸开。这种炸弹往往在离地面一米多高的距离爆炸，杀伤力极强，我喊了声"快往下跳"，我和黄海也不知哪里来的勇气，硬是从丈把高的山坡上跳到了下面的水田里，爆炸过后我听到了黄海的哭喊声："班长，我的脚指头打掉了……"我赶忙爬到她身边，安慰她，由于天黑也看不清她的伤势，待敌机飞过后，我用力把她拖上了公路。这时我看到她的伤势很重，公路上有好几匹被炸死的马，也有负伤倒地正在呻吟的战士……我努力背起她，沿着大路北撤，一路上战士们纷纷为我们让路，并轻声喊："她俩是女同志，真不容易啊！"在战士们的鼓励下，我的力量更大了，加快了脚步，也不知走了多少路，终于在一个三岔路口，我看到了团里来接我们的同志，我高兴极了，战友黄海终于有救了。后来黄海战友被送上了去后方医院的车子，这一别直到现在，再也没有她的消息了，黄海战友！我十分想念你！

抗美援朝战争中，我身边有许多战友一个个倒下了，他们没有等到胜利的那一天，我们不应忘记他们！历史将永远铭记他们的功绩！

李利（左）与战友合影

李希

1931 年 5 月生，四川遂宁人。1949 年 12 月入伍，1951 年 3 月 21 日随中国人民志愿军第 12 军入朝，7 月任 35 师师医院护理班长，1952 年 4 月调 35 师防御委员会办公室工作，1953 年任文化教员，1953 年因工作表现突出荣立三等功。1951 年 10 月因敌机轰炸受伤被评为三等伤残。

朝鲜战争的往事

经历过的事情，留在脑海里，待日后想起，便成了记忆，还有一些事，是留在心里，"不思量，自难忘"。时间过去越久，回忆越发鲜明，似乎长在了生命之中，在朝鲜的日日夜夜便是如此。

抗美援朝战争初期，敌人的飞机日夜狂轰滥炸我们的运输线，在前线经常得不到祖国的补给，药品和生活物资都非常缺乏，伤病员也经常无法转运回国。第五次战役开始时，我 12 军投入战斗，我们 34 师医院中的几十个重伤员无法转移，领导命令我们班和他们一起留在当地的一个小村庄里。那些人都是得了回归热和斑疹伤寒的病号，经常发热到四十摄氏度。在治疗中没有退热药，只能采取物理降温的办法，用冷水毛巾敷他们头部、多擦澡、多喝水。在生活中，他们因发烧胃口极差，加上伙食缺少油、盐，就更吃不下东西了。为了他们能早日康复，我们想尽各种办法。一天听说友邻部队有咸干鱼，我们高兴坏了，就冒着飞机在头上盘旋、子弹在身旁飞过的危险跑到那里去向他们要了几条。回来后我们把鱼洗净蒸熟，就连洗鱼的水也舍不得倒掉，用它加上朝鲜当地的野蒜和着玉米粉煮成糊糊美美地让他们吃了一顿。看病员们吃得开心，我们就像自己也吃到了这顿美餐一样快乐。冬天的朝鲜，气温零下三十摄氏度，为清洗伤病员换下来的衣服，我们要凿开厚厚的冰层，手冻得发紫，甚至被冰碴割破，鲜血直流。白天护理照顾伤病员，晚上还要经常到兵站去背粮食，一天只能休息三四个小时。有时粮食供应不上了就把自己的粮食给他们，宁愿自己饿着也要照顾好他们，在这段时间内我们和这些伤病员建立了深厚的友谊。战役结束，这批伤病员要转走时大家彼此都依依不舍，他们说："我们回到前线一定要多杀美国鬼子，以感谢你们。"

回忆朝鲜战争，还有一件令我们难忘的事情。第五次战役结束后，部队在谷山休整。我们收治了一批伤病员，医院依山体形态而分别安置，一个小山沟或一处破旧的防空洞就成为一个病区，住二三十个伤病员，由一个班负责护理和生活，班里有护士和护理员，大家分工不分家，担负着病区内所有伤病员的各种治疗和生活护理。七八月的朝鲜是多雨的季节，那是八月初的一个夜晚，天上电闪雷鸣，瓢泼大雨，我们班里小护理员黄元淮同志吃过晚饭像平时一样肩背小药包，一手提着美国罐头盒改制的小油灯，一手拎着开水瓶冒着狂风暴雨去上夜班。第二天清晨雨过天晴，同志们正在吃早饭，聂跃兰同志走过来问我："班长，怎么没有看到黄元淮呀？"我说："是呀，我想是不是哪个伤员有事还在处理吧，我们去帮她一下。"可到了那里没有见到她，我们赶紧到周围找，想看看她是否因为在哪个防空洞里避雨后睡着了。上午很快过去了，派出去的人都回来说没有看见她。这时我心里紧张了，一边派人扩大寻找范围，一边立即向医院领导报告。其他班的同志们也协助查找。后来我们在一个废弃的小破防空洞内发现了黄元淮的小油灯，但人无踪影。两三天过去了也杳无音信。师部在接到报告后非常重视，立即派保卫科同志配合医院共同分析情况：一是我们班负责的区域很小，当天晚上又下着大雨，没有特殊情况她不需要到别的地方去，故误走失是不可能的；二是从那个发现小油灯的防空洞看有可能是在此被害后尸体被藏起来了。最后经多方查找终于抓到了凶手，据他交代是他杀害了黄元淮并将她抛入湍急的河水中冲走的。一个美丽的、天真的女战士就这样牺牲在异国他乡。之后组织追认黄元淮为烈士。

1952年春，反细菌战时，李希（前排右一）在35师防疫办公室工作，在金城阻击战35师指挥所与在司令部卫生所工作的战友们合影

　　当年像黄元淮一样在朝鲜战场上的女同志有一大批都是风华正茂的年纪，在国内或许还在爸爸妈妈怀里撒娇、读书、笑谈人生，可我们却怀着对祖国的热爱、对朝鲜人民的同情、对美帝国主义的仇恨跋山涉水地来到朝鲜。在那个条件极其艰苦的年代，敌机没日没夜地轰炸，药品和粮食紧缺，每天大量的伤病员从前线转下来，我们往往是一个人要照顾十几个伤病员，白天为他们打针、喂药、送饭、送水，行动不便的还要帮助其大小便、洗衣服……工作紧张而繁忙，到晚上还要开班务会，大家总结当天伤病员的病情，再布置第二天工作后才能休息，每天都是筋疲力尽。在急行军途中没有时间来烧饭和吃饭，饿了就抓把地上的积雪掺和着炒面填肚子，女兵在遇到月经期就更可怜了。当时我们也有三怕：一怕伤病员吃不上饭，二怕自己负伤不能工作，三怕遇到敌人时没有子弹而被俘。面对这样的工作和生活条件我们从没有叫苦叫累，大家为了让伤病员尽快痊愈，早日返回杀敌战场，夜以继日地拼命工作，全心全意为伤病员服务对于我们不是空洞的政治口号，是当时真实的思想和实实在在的行动。

　　朝鲜战争已过去了六十多年，当年的小女兵们现在都是耄耋老人了，但在历史篇章中总是不能忘怀我们走过的那个年代。

李怡波和战友振掀清在慰问演唱《秋收》

李怡波

　　1934 年，四川成都人。1950 年 2 月参加中国人民解放军，被分配在 180 师兼眉山军分区文工队。1951 年 3 月 19 日入朝，在志愿军 180 师文工队任队员，参加了第四、五次战役，东线防御，夏季反击战役。

说说女兵李怡波

刘世林改编

突围队伍中的女兵

　　李怡波所在文工队随 180 师主力奉命于 1951 年 3 月 19 日入朝参加抗美援朝战争。李怡波满怀信心，跟随部队长途行军，抵达指定位置，在老同志的带领下，立即投入第五次战役。最令她刻骨铭心的是惊险悲壮的大突围，这是在第五次战役结束转移时，180 师为掩护部队转移、为掩护兵团八千伤员的转运而被敌重重包围。突围中，她们坚定不移，向指定位置勇往直前，她们心向祖国、心向人民，面对敌人的大炮、坦克、飞机、炸弹的威胁，毫无惧色。黑夜里李怡波还曾摔入深沟，她奋力拼搏，克服重重困难，终于摆脱敌人，突出重围，胜利归来。

目睹美俘想家

　　金城反击战打响后，文工队一分为二，有的上前沿阵地慰问战士，有的做后勤运输工作。李怡波被分到卫生队当护理员，分到医院的女兵们简单地学了一些包扎、护理常识，就开始工作了。任务就是给伤员端水送饭，给重伤员喂水喂饭，倒大小便，向医生转达伤员的要求，及时报告伤员的伤情变化等。更多的时间是拿一根树枝，一边给伤员赶苍蝇，一边给伤员讲战斗胜利的消息、聊聊天，给他们读报，安慰他们，让他们安心养伤，有时也给他们唱唱歌。

一天，担架队送来了四名俘虏，其中三名"李承晚"（韩国）兵和一名美国兵。他们的伤都不重，经过治疗都可以走动，但他们都不敢出病房，每当女兵们把饭菜送去时，他们眼睛里都流露出感激之情。她们把祖国送来的中国画报给他们看，用手势和"中国朝鲜话"宣传志愿军的俘虏政策，他们胆怯、感激地点点头。他们大概是农民，被"李承晚"军队抓来当了兵，因为在他们身上中国女兵看到了农民的朴实，只是那个美国俘虏不老实，常常叽里呱啦地讲话，喜欢东游西逛。中国女兵真怕他逃跑了，队长说："你们放心吧，就凭他那黄头发蓝眼睛，想跑也跑不掉。"朝鲜老乡遭受美国人的狂轰滥炸，最恨美国兵，只怕他跑不出这条山沟就会被捉回来了，因此女兵们对他也就不那么注意了。

一天开晚饭了，李怡波打来了饭菜，三个"李承晚"兵津津有味地吃着，就是不见那个美国兵。于是李怡波忙着给别的病房送饭去了。等她忙完回来，三个"李承晚"兵已经吃完饭，还不见那个美国兵，李怡波急了，报告了队长，队长说，不要急，他会回来的。

天渐渐暗下来，还不见他回来。队长要女兵们分头去找。李怡波走出山沟，爬上一个小山坡，山野静静地，远处传来阵阵枪炮声，向四周望去，看不见一个人影。她又爬上一座更高的山坡，那里视野更开阔些。忽然，听到了一阵琴声，在这战火纷飞的环境里，文工队都分散下连队了，哪里来的琴声。于是李怡波循声走去，看见山坡下一条山溪旁坐着一个人在吹口琴。她停下脚步，仔细听着……啊！原来是一首幸福家庭之歌。歌词大意是："我的家庭真可爱，父亲、母亲都健康……"琴声悠扬而远，透着沉沉的眷恋和忧伤。她被感动了，不想打扰这位演奏者。一曲完了又换一曲，这是一曲大家都熟悉的《祝你生日快乐》。她轻轻地走近演奏者，他似乎听到了李怡波的脚步声，停止了吹奏，回过头来，原来就是她们要找的美国兵。她生气极了，那么多人在寻找他，他却在这优哉地吹口琴。他看见李怡波生气的样子赶紧站起来，眼睛里闪着泪花，嘴里叽里咕噜地讲个不停。她听不懂他讲的是什么，只断断续续地听懂几个单词"mother"（妈妈）、"father"（爸爸）、"family"（家），她把几个单词和他演奏的曲子联系起来分析，才懂了他的意思。原来，今天是他的爸爸或妈妈的生日，他想他们，他想家。李怡波见他那忧伤的样子，不由得仔细地打量起他来，蓬松的金色头发，蓝色的眼睛，年轻的脸上还带着几分稚气，不过二十来岁，他可能是一个高中生，有一个温暖的家，不幸被美国政府送到了朝鲜来参加侵略战争，离开了爸爸妈妈和那温暖的家。参与了杀害朝鲜爸爸妈妈、摧毁了朝鲜人的家的战争，他既是一个可怜虫，还是一个可恨的刽子手。

后来，他的伤全好了，被转到了俘虏营。

一个饺子一行泪

夏季反击战中，我们师文工队一分为二。队长指导员带领狄振清、张晓尧、张小申、李萍、王乐英、肖明珠、冯世德等上前沿阵地做宣传鼓动工作。李怡波、尹志军、段晓霞等到卫生队做护理工作，大家鼓着一股劲，一定要在这次战斗中打好翻身仗，重振180师的雄威。

一天，在前线做宣传鼓动工作的张小申、狄振清、张晓尧大汗淋漓地抬着两个伤员来到卫生队。她们见面后高兴极了，赶紧迎上去问长问短，而他们却阴沉着脸，吃力而严肃地把担架放下来。她们赶紧去看伤员，一看都吃惊了，这两个伤员是文工队的孟伟哉和王乐英。孟伟哉头部红肿，紧闭双眼，王乐英太阳穴和右臂受伤，脸色苍白。原来他们所在的防空洞被敌人扔下的炸弹炸塌了，两人被埋在了洞里，战友们好不容易才把她们救出来。李怡波忙问："冯世德、肖明珠呢？"她知道她俩是和王乐英住在一个防空洞里的。张小申说："她俩没事。"张晓尧和狄振清却说："她俩负了点轻伤，不要紧。"

反击战取得了全面胜利，为朝鲜停战谈判创造了有利的条件。于是文工队员们从师医院回到了文工队，在驻地等待前沿的同志回来，炊事班特地给她们发了牛肉罐头，她们又到山坡野地里挖了许多野蒜、野菜和牛肉一起做成了饺子馅，包了许多饺子，专等战友们回来聚餐，庆祝胜利。

他们回来了，李怡波她们高兴地跑上去迎他们。他们背着二胡、打击乐器回来了，走在最后的是队长邓旭和指导员陆好学。就是不见肖明珠和冯世德，问他们时，一个个都不吱声。这时指导员把李怡波等留在医院护理工作的同志叫到一起，告诉大家，冯世德和肖明珠已经牺牲了。这突如其来的消息，使队员们眼泪不由自主地流了下来。"会餐了，吃饺子了！"张小申装出兴高采烈的样子高声叫道。……眼泪中冯世德那白皙而美丽的面容在她们眼前挥之不去，她那《阿妈到处讲》的歌声还在耳旁回响；肖明珠那微胖健壮的身材在眼前晃动，她那一手漂亮的钢笔字，以及她创作的一首首战地快板还记忆犹新，怎么就这样和大家永别了呢？战友们把一只只饺子往大家的"最可爱的人"的搪瓷缸里夹，大家含着泪，食而不知其味地吞下，也咽下了对战友永久的怀念。

抗美援朝战争第五次战役中，李庄容带领文工团一个班，随野战医院到战地前沿抢救护理伤员。三天后接前线指挥部的命令，要在当天下午三点钟前把全部伤员撤退完毕，当时山沟里还有一百多名伤员尚未来得及撤退。在这危急的情况下，李庄容组织护理班把全部伤病员转移出去了，然后带领护理班跑了三天，突破重重的封锁线找到自己的部队，安全地回到军文工团。军党委为李庄容记了三等功，获得在国旗下照相的奖励

李庄容

　　1931 年 1 月生，四川人。1949 年 12 月入伍，在重庆参加了中国人民解放军第 12 军文工团，1951 年 3 月随中国人民志愿军第 12 军入朝。

李庄容（右）在抗美援朝战争中留影

战斗没有胜利，我决不下火线

　　第五次战役后，在"三八线"上开始了阻击战，我们军也负责一段防线。文工团分成若干小组深入到前沿部队做宣传鼓动工作。10月，我和团里的四名同志被军政治部调到志愿军总部，参加政治干部班学习，暂时离开了文工团，直到1952年元旦学习结束。由于当时的生活条件非常差，严寒、敌机不断轰炸及恶劣的卫生条件，我染上了回归热，四十度高烧，部队医院缺医少药已无法进行处置，只好用担架把我送到后勤部医院，稍加处置后把我放到敞篷汽车上转送后方，汽车在零下二十几摄氏度的天气下连续开了七个多小时。来到元山港转运站，我被放在路边一个朝鲜老乡家的炕上，热炕温暖着我冻僵的身体，我慢慢苏醒过来，口干舌燥，想要喝水，听到我的叫声，周围的伤员才发现我是个女同志，于是把医生、护士都叫过来。经检查，我的病情十分严重，若马上用火车转运回国，路上没有专人护理，会有生命危险。转运站决定把我留下，立即进行抢救治疗。我双腿膝盖以下已全部冻黑并肿得很大，医生说如果再冻两个小时，就只能截去双腿了。这真是雪上加霜，旧病未好又添新创，在医院里要接受两种治疗方案，打针吃药治疗回归热，大腿动脉注射治疗冻伤，疼痛使我昏过去好几次。

　　治疗进行了两个月，病情得到了控制，在两人搀扶下可以慢慢移动脚步。为了安全，主治医生动员我回国治疗，后方医疗条件好，没有敌机骚扰，可以安心养病，早日重返前线。可是这样一来我将远离战友和部队，一个女同志何时再能重返前线？要在战斗中入党的誓言还没有实现，我要争取立新功，消灭敌人，我不能离开战场。

　　1952年5月初，我拄着拐杖，背着简单的行李及干粮，提着一个空罐头盒，依依不舍地告别了医生和护士们，拖着伤腿和久病初愈的身躯上前线找部队去了。在离开医院告别医生、护士及炊事班的同志们时，我眼含热泪向他（她）们深深地鞠躬，没有他（她）们那样无微不至的照顾，我就不可能重返前线。一路艰辛缓慢地前行，正常人走十几分钟的路程，我却用了一个多小时，过了一天来了三辆弹药车，正好是开往我们部队的。我告诉他们我是920文工团的，现在伤愈归队，希望同行，由于驾驶室内坐不下，我只好爬上车顶伏在弹药箱上。汽车跑得很快，颠簸得很厉害，我紧紧握住护栏防止被甩下去。几小时后回到了后勤部医院，医生、护士见到我都很高兴。在后勤部医院又住院治疗了半个多月后，我终于回到了文工团驻地，见到了日夜思念的战友们，又开始了文工团员的战斗生活！

廖俊芳

　　1933 年生，四川成都人。1950 年 10 月入伍，分配到中国人民解放军第 60 军 180 师医院任护士，1951 年 3 月 18 日随中国人民志愿军第 60 军入朝。

廖俊芳，一名优秀的志愿军女战士

刘世林改编

　　抗美援朝战争中，她热爱工作，拼命工作，全心全意，不讲条件，受到伤病员和战友们的一致赞扬。

　　入朝不久她就生了病，被领导强制要求去休养。可是她连一点休养的样子也不像，她比工作人员的工作还紧张。不是给伤员端屎、端尿，就是洗衣、换药，弄得负责照顾她的护士没有办法，又气又笑地说："你是休养员呢，还是工作员？你休息我们应当照顾你。"廖俊芳郑重其事地说："咱们都是护士，都应该照顾伤员。"

　　医院随部队作战向前转移，新地区又有新困难，伤病员用的碗筷和大小便器具都很缺乏。她总是急领导、护士和伤病员之所急，同大家一起想办法克服困难，用罐头盒做成多种器具，用树枝刮成筷子等。

　　冬天下着大雪，伤病员们深夜里都蜷缩着无法入睡，为了不让伤病员受罪，她建议班长上山打柴，烧坑取暖。班长答应了。第二天，她便带头与大家一起，高高兴兴地爬上了白雪皑皑、寒风呼啸的大山打柴，个个滚得像雪人，手冻得像红萝卜似的，虽说苦一点，但大家心里都很快乐。

战斗紧张时，伤员多，敷料用得多，大堆的敷料整天洗不完，她没有怨言，常常深夜里还蹲在冷风刺骨的溪水边清洗，保证了伤员们的需要。

医院粮、副食品供应由医院组织人员去指定的兵站领取，廖俊芳总是乐呵呵地同大伙一道扛粮食、背罐头，有时还帮助炊事班烧锅煮饭。

1952 年 7 月，一个病人回肠溃烂，经切除后造成严重贫血，医生想了很多办法不见好转，决定输血。廖俊芳想：自己是青年团员，救活一个阶级兄弟就增加一份战斗力量。她诚恳地请求医生说："我的血是 O 型，不用再化验。"这次她献出了三百毫升血液。伤员很快有了好转并对她说："你救了我的命，永远忘不了你。"转院不久还来信表示深深的感谢。

又一次是 1953 年 1 月，一位营教导员腹部重伤，失血过多，急需输血抢救。伤员说："别费劲了，我不行了。用你们的血来挽救我，会妨碍工作。"廖俊芳想：他是一个营的首长，要是牺牲了，谁来指挥？因为不久前她输过一次血而被医生拒绝。伤员的一席话让她更为感动，坚决要求医生抽她的血。当看到输血后的伤员脸上慢慢有了红润，她感到莫大的安慰。

第三次为重伤昏迷的战士输血两百毫升。第四次是为一条腿被炸断、急需手术的战士输血三百毫升。这些伤员都转危为安了。

前后一年时间，廖俊芳先后将一千五百毫升鲜血输给了四个重伤员，直接救活了四个同志的生命。没有注意休息，身体受到影响而昏倒，她以顽强的毅力，始终坚守在岗位上。

"绝不能让伤员负第二次伤。"这是廖俊芳和全体医护人员的庄严承诺。一天夜里，医生正在为伤员手术时遇敌机袭击，汽灯震熄，窗户垮塌，一护士负伤，廖俊芳毫不犹豫地伏在伤员身上，她险些被石头砸晕过去。

廖俊芳出色地战斗在医务战线上，她被大家评为二等功臣，参加了全军的庆功大会，被选为主席团主席之一。

1952 年刘衡哲于朝鲜

刘衡哲

　　1933 年 1 月生，重庆人。1949 年 12 月入伍，1951 年 3 月下旬随中国人民志愿军第 12 军入朝，参加了第五次战役、金城防御战、上甘岭战役，元山集结后到东海岸防御。

刘衡哲与最亲密的战友董声岐在朝鲜合影

刘衡哲（左四）与战友和朝鲜老乡在朝鲜黄海道谷山郡合影

刘衡哲（右二）与朝鲜军部战友合影

1953 年 3 月刘衡哲（前右一）在朝鲜元山与　1954 年，刘衡哲（左三）朝鲜回国前与战友合影
战友合影

我在朝鲜管收音

　　1950 年 12 月，部队接到命令准备入朝，我被派去接受通信收音培训。参加收音培训的几十个人中有六个女兵，我是唯一入朝参战的。1951 年 3 月中下旬在鸭绿江边的长甸河口，我和战友们一起，从搭起的浮桥上跨过鸭绿江，来到朝鲜最北的城市新义州，走向硝烟弥漫的战场。

　　为了在规定时间到达部队的集结地谷山，我们开始了长途行军。二十多天的行军，是在敌机的轰炸和扫射中进行的。敌人掌握了制空权，他们在桥梁和重要交通点设立了全天候的飞机封锁点，敌机沿着狭窄的山沟低空飞行扫射，志愿军白天只能隐蔽在树林和山洞内，夕阳西下，夜幕降临才开始各种活动。

　　我当时的工作，是负责国内外新闻的收听记录，一部陈旧笨重的老式收音机、两块巨大的方电池和两块圆形电池，是我们的收音设备。每次行军，由一个战士负责搬运几十斤重的设备。战友陈原负责设备的安装调试维修，做技术保障。每到一个宿营地，我们就立刻架上天线、调试设备做好准备工作。每天晚上十二点，准时收听中央人民广播电台、新华社的记录新闻。次日发到机关各部、各大队、连队，那是唯一一份能及时了解国内外新闻、鼓舞战士斗志的报纸。由于每次行军路途有六七十里路，途中还要躲避敌机的轰炸，到达宿营地后要立即开始工作，每天的休息时间很短，非常疲惫。行军时经常睁不开双眼，边走边睡。

在通过敌人的封锁线时，防空枪声不断。四周山上能看到敌特的信号弹升起，天上悬挂着无数的照明弹，把伸手不见五指的夜晚照得如同白昼。忽然头顶响起机枪扫射的声音，随即震耳欲聋的飞机轰鸣声呼啸而至，一梭子弹打在离我头部右前方约两尺远的地方，使我全身被泥土覆盖。就在我以为自己要光荣牺牲时，忽然感到有一股巨大的力量把我拉向一侧，原来我已被朝鲜老大妈拉到了她的简易防空掩体内。在惊恐和感激之下，我意识到立体战争的残酷、朝鲜人民的善良和对中国人民志愿军的情谊。

亲历了朝鲜战场的枪林弹雨，经历了战火的洗礼，我珍惜来之不易的和平年代的幸福生活。

1951年11月，刘衡哲（右一站立者）在朝鲜黄海道谷山郡花村面青松里云谷参加房东婚礼

1951年7月，刘衡哲（后排左二）与宣教科同志合影

1951年11月，刘衡哲（左二）与战友们在朝鲜南江岸边留影

刘家莉

1934年1月生，四川合川人。1950年参加中国人民解放军，分配到第12军31师91团宣传队，1951年随中国人民志愿军第12军入朝。

1952年刘家莉于朝鲜

1951年刘家莉于朝鲜

刘家莉与15岁的弟弟在朝鲜第12军31师卫生所门口合影

1951年刘家莉（左）与战友李亚楠在第12军军部大礼堂门口合影

1952年，刘家莉（左一）与朝鲜姑娘在一起合影

1952年，刘家莉（右三）在朝鲜前线的防空洞中学习

抗美援朝，是我人生中闪亮的一页

岁月流逝，时光易过，转眼已是青丝白发了。看着这些老照片，许多往事涌上心头，如在眼前……

1950年我十六岁，和弟弟刘家雄在四川合川参军，被分到中国人民解放军第12军31师91团宣传队，开赴贵州剿匪。贵州剿匪告一段落时，部队接到命令，开赴朝鲜参战。

背上行装和炒面，跨过鸭绿江，白天防空休息，晚上行军，十八天行军对我们这些十六七岁的女孩子也是一个大考验。到达目的地后，随着战争的需要，我们当了卫生兵，在树林里接受了一些卫生常识和技术的训练，学习人体生理解剖，学习止血、包扎、注射等。培训结束后有的分到连队，大多数女同志到卫生营做护理工作，照顾伤病员的生活，同时也和男兵一起，修筑防空洞，开山取石，锯树取材，为部队和伤病员搭建住所掩体。为防止敌人的火力攻击，我们吃的粮食全是晚上下山到兵站用肩膀扛运回来的。除了这些工作，我和其他战友精心照顾伤病员生活，送饭送水，换药打针，晚上巡房，伤病员康复出院归队，重症伤员则经过处理运送回祖国治疗。对一些烈士，我们也要给梳洗干净，套上烈士服（一种白色粗布的套装），心情既悲伤又害怕，尤其是第一次，眼泪就滴在烈士的身上……

回想在部队当兵和入朝参战的这五年，虽说是普通一兵，但也是我人生中闪亮的一页！我终生难忘！

刘绮文

　　1930年12月生，四川北碚人。1949年12月四川北碚解放，动员参军。刘家三姐妹，五妹刘沉（原名刘藻文）是幼师学生，去重庆报考第11军31师干校；刘绮文和三姐刘郁文是大学法律系及经济系二年级学生，二人到第12军卫生部参军，1950年2月到第12军卫校学习。

当年，我们三姐妹一起参加抗美援朝

　　1949年12月四川北碚解放。我和三姐刘郁文、五妹刘藻文，同时报考了重庆中国人民解放军第11军31师干校。毕业后，和姐姐到12军学习，随后我被编入四区队13班，刘郁文编入四区队14班学习，当时我们三姐妹的年龄在十七岁至二十岁。

　　1950年12月，12军在万县经长江三峡出川，"抗美援朝，保家卫国"。那时自己对亲人也不能告诉，抗美援朝时，刘藻文参加了第五次战役，作战行军大穿插，她表现得很勇敢，没有掉队。刘郁文分配在卫生营当医生。1951年7月在宽甸任命我为卫校助理教员，因朝鲜战场急需各类医务人员，将卫校扩大为卫一队培训医生，卫二队培训护士、司药，卫三队培训卫生员，我先后在卫一队和卫二队任教。主要教人体解剖学中骨骼、肌肉、神经系统和急救四大技术（止血、包扎、固定、搬运）。当时发给我的教材只有一本格氏系统解剖学、一本卫生员教材，还有一个空的铁皮箱，面对这光荣而艰

刘家三姐妹（中间为刘绮文）

后排中间为刘绮文

巨的任务，那时的想法：一切行动听指挥，排除困难，想办法自己动手，发动群众。在大家的同心协力下，我制作完成了教学中应有教材、图表、绷带、三角巾、形状各异的木质夹板；同时，通过东北人民政府，我们从古墓中得到很多的尸骨，经清洗消毒后应用，保证了学员都有骨骼标本可学习参照。在教学中我请学员们以自身为活的标本，指出自己身体上各个位置和名称，如头顶前面为额骨，后面为颈骨，易懂好记。

为了更好、更安全地为朝鲜战场培训各类医务人员，上级将卫校从宽甸迁移至河北高邑。老区人民拥护抗美援朝，热爱志愿军，给我们卫校送来了羊、狗等动物，让我们在动物身上做手术开刀，起到很大的效果，提高了学员的学习质量。在大家共同努力下，我们先后较好地为朝鲜前线培训输送了各类医务人员。

六十多年过去了，回顾历史，在特殊的环境下，我只不过完成了党交给我的任务，功劳荣誉应归于那些牺牲的战友，那些在前线和后方的所有无名英雄！

1952 年 9 月刘无瑕在朝鲜威兴雷达站附近留影

刘无瑕

　　1934 年生，河北吴桥人。1949 年 8 月加入中国人民解放军，1950 年 8 月，分配至华东军区航空处雷达营，当时为了保密对外称"电讯大队"。1951 年 3 月，军委正式授予该营番号"中国人民解放军雷达第 101 营"，隶属东北军区防空司令部。同年入朝，在部队历任报话员、绘图员、观察员等。

1952 年，刘无瑕（右一）与朝鲜学生在咸兴合影

1952年国庆节，刘无瑕（前排右一）在朝鲜咸兴雷达站与战友合影

我自豪，我是三名入朝参战的志愿军女雷达战士之一

青春，人生最美丽的年华，人们最难以忘怀的时光。1949年，我一个15岁的少女，迎来了南京的解放，迎来了祖国新生的春天，我与许多同学怀着对祖国的热爱、对革命的憧憬，毅然投笔从戎，成为一名"不爱红装爱武装"的解放军战士。

不久，组织上在我们这批学生中挑选出了一些文化程度稍高的战士，去学习当时比较先进的军事专业技术——雷达。我有幸成为仅有的12名女雷达兵中的一员，感到非常光荣，非常自豪！

首先是雷达研究所的技术人员为我们讲授"无线电原理"，我们还有幸聆听了钱三强教授的授课，在初步懂得了雷达原理后，又赴上海接受苏联教官的情报测定、编批、报知以及雷达的架设与操纵训练。本以为我们将为解放祖国的宝岛——台湾，以及保卫我们祖国领空贡献力量时，美帝国主义侵略者发动了朝鲜战争，我们雷达营即开赴东北，进行抗美援朝、保家卫国的战斗。

为保卫祖国神圣领空不受侵犯，我和战友们个个写战书，表决心要求入朝参战，可惜首批没有女战士被批准。随后第二批我和吴若萱、杨桂芝得到了组织批准，成为入朝参战雷达兵中仅有的三名女战士。我们感到无比光荣！

伴随着雄壮的《中国人民志愿军战歌》，我们到达朝鲜咸兴。在雷达站战斗的日子里，在朝鲜严酷的战争环境中，我和战友们克服了各种难以想象的困难。雷达架设在崇山峻岭上，原来是没有路的，但硬被战友们踩踏出一条通往雷达站的小路。那是一条通往战场的小路，那是一条通往保卫祖国的路，那是一条雷达兵去战斗的路。在这条充满危险和诡异的路上，我们女兵有过恐惧和害怕，每当这时，我就不断地鼓励自己，我已是一名志愿军战士了，死都不怕，还会怕什么呢?！一路上我常常默念着：我是志愿军战士！我是战士！战士的光荣称号让我战胜了恐惧。

在朝鲜前线，我们目睹了美军飞机的狂轰滥炸，大片大片的农田被毁，民房被烧，朝鲜人民生活在水深火热之中；我们志愿军战士因公路桥梁被炸毁，后勤补给困难（尤其是蔬菜）。我们不但要克服生活上的种种困难，也要面对随时可能牺牲的种种情况，但战友们个个斗志昂扬，意志坚强，不畏艰险坚守雷达阵地。敌机的残酷轰炸，炸平了我们前沿的一个雷达站，我们连长和许多战友为朝鲜人民献出了自己年轻的生命，他们是雷达兵的光荣！他们永远活在我们心中！

战友的牺牲使我们更加仇视美帝国主义，更坚定了我们将抗美援朝战斗进行到底的决心！虽然我们咸兴雷达站经常遭受敌机轰炸，但我和战友们没有一个畏惧后退，顽强执行着严密监视敌机，守护朝鲜领空，为前线作战指挥部提供可靠雷达情报的使命。

我们三名女雷达兵经历了抗美援朝的战斗洗礼逐渐成熟。

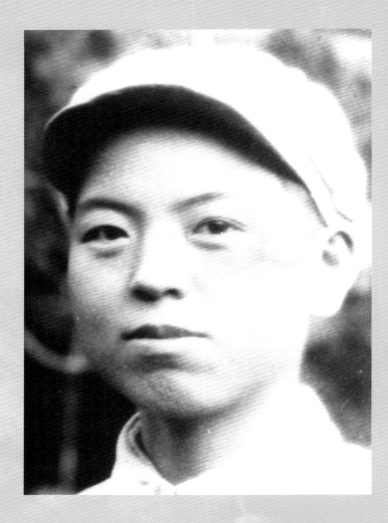

刘颖

　　1926 年生，山东曹县人，大学英语专业肄业。1949 年 12 月于重庆参军，1951 年 3 月赴朝参战，在中国人民志愿军三兵团第 12 军 35 师敌工科、宣传科工作。参加了第五次战役、金城防御战，1953 年初调志愿军碧潼战俘营从事战俘翻译和审讯工作。

1955 年 3 月 12 日，回国后刘颖（前排中）与战友在北京合影

1953年5月，刘颖（左二）和战友于朝鲜碧潼战俘营门口合影

生命中永不磨灭的记忆

我出身于一个知识分子家庭，父亲是西南联大的教授。1949年年底重庆解放了，当时我正在读大学英语专业三年级，响应党的号召，毅然投笔从戎，参加了中国人民解放军。先在西南军政大学学习半年，结业后被分配到第12军35师103团。1951年3月初，我们高唱《共青团员之歌》："听吧，战斗的号角发出警报。穿好军装拿起武器，共青团员们集合起来踏上征途，万众一心保卫国家。再见吧，亲爱的妈妈……别难过，莫悲伤，祝福我们一路平安吧……"满怀保家卫国的豪情，奔向了硝烟弥漫的朝鲜战场。

由于我学过英语，部队急缺这方面的专业人才。入朝后，师里就调我到敌工科工作，主要负责俘虏的审问登记、对敌喊话、战地翻译等。

第五次战役第一阶段，我们师的任务是突破敌人在汉滩川的防御，消灭打着"联合国军"旗号的土耳其旅。为便于紧跟作战部队在前线指挥，李德生师长组织了一个精干的指挥班子——"前指"，我有幸以英语翻译的身份成为师部女同志中唯一参加"前指"的成员。

第五次战役第二阶段，我师的作战任务是突破美军占领的加里山，穿插到敌后会同友邻部队聚歼美2师38团的两个营及配合他们作战的法国营。

盘踞在加里山上的敌人，凭借有利的地形和充足的弹药负隅顽抗。战斗打得十分激烈，不到十秒就有一排炮弹在我们前进的道路上落地开花。战士们英勇顽强，前仆后继，终于在5月20日拂晓前攻克了加里山。我们上山时，一路上见到烈士的遗体，等着后续部队掩埋。我们强忍着巨大的悲痛，跨过烈士的遗体前进……

由于战前我们对部队做过对敌喊话的训练，当我军切断洪杨公路、截断一股美军退路时，104团的战士们用才学的英语喊道："Put down your guns. We won't kill you!"（放下你们的枪，我们不杀你们），当场就有美2师38团的一百多名官兵缴械投降。

一天，一个小战士把一个美国兵带到我面前，他见到我扑通一声跪下，手不停地在胸前画十字祈祷，嘴里说着："Good boy, pardon me!"（好男孩，饶恕我）

我严正答道："I'm not a boy, I am a soldier of Chinese."（我不是男孩，我是中国人民志愿军）。

经审问，他是美2师38团的一名义务兵，还是位大学生。他请求不要杀他，他想回家。随即从口袋里摸出一张他和妻子的合照。我告诉他：我们的政策是缴枪不杀，不虐待俘虏。只要老老实实，战争结束后会让他回家的。

战后，我受到了全师的通令嘉奖。战友们夸我是"能走善跑的小白兔"，政治部的领导称我是"我们的郭俊卿"（郭俊卿是解放战争时期女扮男装花木兰式的战斗英雄），我感到由衷的自豪。

第五次战役结束后，师里调我到宣传科工作。我经常一个人下连队采访，报道英雄事迹。有一次在103团采访时，团参谋长赠给我一支崭新的德国四号"勃朗宁"手枪，这是一支缴获来的只有12厘米长的精致漂亮的小手枪。我高兴极了，爱不释手，在朝鲜的日子里一直随身携带着它。

1953年年初，我奉命调往志愿军政治部做对敌英语广播工作。不久，又调到碧潼战俘营，从事英语翻译和战俘的审讯、教育感化工作。我先后审讯过美国、法国、土耳其等国的战俘。

战俘问题是停战谈判的核心问题之一，也是政策性很强的一项工作。我们在对战俘的管理中处处体现了革命的人道主义，使战俘由初来时的恐惧、不安、闷闷不乐变得平静、安心。

1953年7月27日《朝鲜停战协议》签订后，中美两国开始了相互遣返战俘的工作，我参加了在板门店交换战俘的交接工作。1953年9月底，战俘遣返工作结束，我奉命回国到中央军委总政敌工部报到，结束了九百多个日日夜夜的抗美援朝保家卫国的战斗生活。

经过三年战争的洗礼，我从一个年轻的女大学生成长为坚定勇敢的革命军人。这是我一生的荣誉和骄傲，是我生命中永不磨灭的记忆！

1951年7月7日，第五次战役结束后在朝鲜谷山郡休整，刘颖（前排中）与战友们合影

卢葳

　　原名卢国华，1932年4月生，重庆人。1949年12月于重庆市沙坪坝中央工业专科学校报考中国人民解放军第二野战军军事政治大学，加入中国人民解放军。

　　1950年7月毕业后分配到中国人民解放军第11军31师93团（抗战期间为朱德警卫团，现108团）政治处担任组织工作员。1950年12月31师编入第12军建制参加抗美援朝战争。1951年7月在中国人民志愿军第12军31师政治部任文化教员并在第五次战役期间到师医院兼做护理工作，参加了抗美援朝战争第五次战役全过程，先后受通令嘉奖二次，荣立三等功一次。

卢葳（后排左一）与战友们合影

卢葳（前排右一）与战友们合影

1953 年的卢霞友

卢霞友

    1936 年 5 月 生，1950 年
11 月入伍，为中国人民解放
军中南军区后勤卫生部文工队
文艺兵，1951 年 1 月入朝。

1951 年在丹东排练节目休息时，卢霞友（最后一排右五）与战友们一起合影

常年往返在鸭绿江两岸的日子里

    向前！向前！向前！ 1949 年，我们一群纯真无瑕、意气风发的革命青年
投笔从戎，成为中国人民解放军中南军区后勤卫生部文工队的文艺新兵，我

1951 年中南军区后勤卫生部文工队回国合影

们唱着"翻身道情",演绎着"钢骨铁筋",上庐山下漓江,洞庭湖边起舞,黄鹤楼下放歌,为部队医院送去欢歌笑语。

朝鲜战争爆发后,1951 年初,一声号令,我们背起背包,"雄赳赳,气昂昂"奔赴鸭绿江边,投入了抗美援朝的战斗之中。历时一年,我们以沈阳为基地,以安东(今丹东)五龙背为前沿,全队分成若干组,长年生活在卫生列车上(即转运志愿军伤员的专列)往返于鸭绿江两岸,数以万计的志愿军伤员安全快速转运到中南五省。在列车上我们既要做好宣传工作,又要协助列车医疗队做好伤员的接交和护理工作。

记得有一次,我们小组从丹东过江到朝鲜新义州接重伤员,当时敌特活动猖獗,敌机狂轰滥炸,为确保伤员安全只能在夜间和朝鲜护送队的同志一起把伤员送上列车。途中遇敌机侦察扫射,我们立即停下,用自己的身体掩护伤员。有时抬送一名伤员中途要停多次,一夜之间要往返数次。有一天夜里我看见一名腿被炸断的伤员,拄着拐艰难行走,为了争取时间,当时只有十五岁的我,把他背起来就跑。当跑到列车车梯时,已累得筋疲力尽了,便顺势靠在了车梯旁,不小心头上的军帽掉了下来,那伤员看到我的两条辫子,才发现我是小姑娘,便懊悔地说:"要知道你是个小丫头,宁可自己爬也不能让你背。"从此我们结下了深厚的战斗友谊。后来他在卫生列车上做截肢手术时,因缺少麻醉药品,疼痛难忍,他要我帮他找根绳子咬在嘴里,我怕他把自己牙齿咬掉,就从自己的慰问袋中找出一条新毛巾让他咬着。手术后他说:"这条毛巾就给我作纪念吧。"临别时他赠予我三张朝鲜纸币,我至今珍藏着,留作永久纪念!临别时大家都依依不舍!这段生死战友情永远在我的记忆中!

我们付出了血汗甚至生命!我们赢得了荣誉和光荣!每当我回忆起那段战斗历程,非常欣慰。作为曾经的志愿军女兵,我终生无悔!

1953 年聂耀兰于朝鲜留影

聂耀兰

　　1933 年 9 月生，湖北松滋人。1949 年 11 月参加中国人民解放军，1951 年 3 月随中国人民志愿军第 12 军 35 师入朝。

战争中，我们学会坚强

艰难的行军

　　当我们踏上战火燃烧的新义州，前行不远就到了第一道封锁线。白天美军飞机随时来犯，狂轰滥炸，为了安全，部队采取了白天隐蔽休息、夜间行军的办法。休息的地方是朝鲜老百姓的民房，几乎没有一间是完整的。为了躲避美军飞机轰炸，老百姓早已躲进了山谷洞穴中。我们也只能分散在山间树丛中，就地而卧，相互依偎，饿了吃点随身带的炒面。一次在山上休息，在树上发现从未见过的带刺的果实，剥开果皮，真的很好吃，后来才知道那是板栗。太阳下山我们就整装出发，为了生活和战场需要，每个战士都随身携带了许多东西，其中包括够吃半个月的炒面，用皮袋装满挂在脖子上，四铁筒肉罐头、两块咸菜，还有随身的棉大衣、棉被、大雨布、武装带、六双胶鞋、六条毛巾、水壶等日常用品，还背个小铁锹，加起来总共几十斤重。开始别说急行军，我们女战士就连站起来都很困难，每次行军每小时走八里，每夜行军八十里到一百里。我们这些弱小的女兵怎么受得了，没办法我们只能把罐头和咸菜送给男战友，这样硬挺着跟大部队前进。几次夜行军后，很多人脚上磨出了血泡，疼痛难忍，大家就互相帮助挑破。由于连续多日行军，内衣出汗，又没条件洗澡，致使许多人身上都长了虱子，刺痒难耐，只有到了宿营地，附近有水塘时，轮流洗一下澡，才解除了困难。朝鲜山多河也多，特别是雨季涨水，河水挡住去路，一段小河道水浅些，我们就卷起裤腿走过去。有一次，到了清川江一个支流，水深过胸部，无法前进。好在有一位男战友会游泳，他首先游到对岸，在树上拴了一根绳子，另一头带回来也拴在树上，这样大家手牵住绳子过了河。随着前线部队的转移变化，我们也相应转移，停停进进，必须保证前线受伤战友的治疗和转移。这样在第五次战役的前前后后，走了多少天，走了多少路，经历了多少危险和磨难，我们记不清了，但为了保家卫国，为了世界和平，为了解救苦难深重的朝鲜人民，我们所经历的一切，都觉得很值得和光荣！

全心全意救治、护理、转运伤病员

在前线激战中，每天总有伤员送到野战医院，凡是重伤员就采取抢救性包扎、上夹板、清理伤口、注射或口服消炎止疼药品后，迅速转移到后方医院。对于轻伤员就留院救治、护理，伤愈后回原部队。由于救护用品不能保证需求，我们只能将用过的纱布、绷带拿到小河边清洗干净，再用铁筒架起点燃树枝煮沸消毒，晒干整理备用。后期，美军实施了细菌战，致使许多战士患上了天花麻疹，我们就冒着被感染的危险救治战友并精心护理。由于前线和后方物资供给常被美军飞机轰炸阻断，粮食、药品严重短缺，特别是粮食不足。为了保证伤员能吃上饭，我们就把自己带的炒面等食品让给伤员吃，自己上山采野菜，冒着危险下河塘捕鱼虾，有时拿毛巾向朝鲜老乡换土豆充饥。由于缺乏经验，不能识别野菜，也曾发生过吃野菜中毒的事件。一旦得知后方送来了军粮，我们就同男战友一样去背运，一袋粮几十斤重，我们女兵只能两人扛一袋，由于路不好走又很远，又得趁敌机飞临扫射的空隙前进，所以每次去运粮，都是一项艰巨的任务，但基本解决了伤病员的吃饭问题。在保证伤员救治的同时，有许多特殊情况需要我们临时处置。一次转来一名患破伤风的伤员，疼得他咬牙切齿，浑身发抖，虽经我们全力救治，还是不幸牺牲了。在这种情况下，我们只得在附近的山沟中掩埋了烈士的遗体。有些朝鲜老乡患病了也来求治，我们本着国际主义和救死扶伤的精神，也对他们全力救治。一次一位朝鲜妇女受伤了，伤口长了蛆，疼得她一直喊"阿胖"（疼），李希班长和我立即用弯镊子把蛆一条条夹出来，然后消毒清创包扎好，她非常感动。

1952年3月，聂耀兰（右）与战友王玉英回国后留影

1952年3月聂耀兰（右）与战友（邵）贤荣合影

乐观面对，不畏艰险

从参军开始，有了不同寻常的荣誉感；从入朝作战，获得"最可爱的人"称号，更有了强烈的自豪感。面对重重艰险、随时可能牺牲的各种危险境况，我们都能保持乐观。在一次宿营时，我们十几个女兵，入睡前从新建的防空洞里出来自娱自乐，有的拉用罐头盒制作的二胡，有的吹自己从国内带来的口琴，有的唱歌，有的跳舞，其乐融融。我也是在这个时候学会了吹口琴。当时常有敌特打的信号弹升空，很快就有敌机来狂轰滥炸、投燃烧弹、用机枪扫射，每遇此情，大家就迅速找容易隐蔽的地方，或山沟或树丛卧倒，敌机走了，再起来继续活动。战友罗宗芳仰卧时睁大眼睛看天空，我们也开玩笑，说她眼睛反光会招来敌机，快点闭上眼睛。有时敌机投下照明弹，我们也开玩笑说给我们点了天灯。一次敌机在我们很近的地方投下炸弹，把我们的防空洞震塌了，大家又庆幸我们有先见之明，躲过了一场灾难。战友王玉兰的衣服腋下被飞来的硬物划开了口，我的眉毛下也曾被弹片擦伤，但大家总是乐观面对，继续唱歌、讲故事，没有一个人表露出害怕的样子。有一次敌军遭受重创撤退，我们就赶紧去打扫战场，居然拣回一些美军遗弃的鸭绒被、毛毯、塑料勺，还有几个肉罐头，大家都觉得很开心，同时也改善了一下战地生活。

战友不幸遇难，泪洒疆场

在这场抗美援朝的战争中，不仅对敌战斗的前沿阵地总会有人受伤甚至牺牲，而且行军途中也会遇到不幸。一次夜行军途中，敌机不断来袭，虽然多次隐蔽未遭袭击，但也有一次未来得及躲避，一颗炸弹下来爆炸后，一块弹片恰巧从战友燕莲英的头部穿过，炸瞎了她的一只眼睛，当即转送到后方，根据伤情，不牺牲也成了重度残疾。第五次战役第一场仗后，转来一些天花病人，为了减少传染的机会，周凤兰医生决定每班留一人值班，朱文莲战友先值，让我负责为战友们打饭。当打饭回来清点人数时，发现少了战友黄元淮，向班长李希报告，她也不知缘由，决定让大家出动寻找，结果找遍了附近山沟、坑道都没有踪影。大家非常焦急，就向卫生处长罗玉岐报告了寻找的情况，同时也报告了姜荣仁院长，事关重大，领导决定全体出动继续找，但仍没找到。最后派曾皖筠和另一女战友沿清川江向下游找，她们沿江前行，直找到31师驻地。经遂一询问，师首长讲了他从望远镜中看到，清川江水中曾有一个女尸漂过，据此大家认定黄元淮已经牺牲了。一位可亲可爱的战友不幸遇难了，战友们得知这一消息后，当即相拥而泣，战友的不幸牺牲和身受重伤，更加激发了战友之间互相关爱的革命感情，同时也激发了大家对敌斗争的决心。

历经严酷的朝鲜战场锻炼，我们这些女兵变得更加坚强，战争磨炼了我们的意志。我们为保家卫国、为这场维护世界和平的战争，奉献了青春，甚至献出了生命。忆昔日的参战岁月，念生死与共的战友，不禁心潮起伏，泪湿衣襟。我怀念战友！并为自己曾是一名光荣的中国人民志愿军女兵而自豪！

钮玉珍

　　1932 年 5 月生，广西邕宁人。1951 年 2 月入伍，1953 年 5 月，随中国人民志愿军第 54 军入朝。

1953 年，战地记者来了，为钮玉珍拍了一张照片

始终不忘，我是一名志愿军战士

　　入伍前，我就读于国立桂林（南宁）师范学院附中，1950 年高中毕业于南宁市第一中学。在学生年代就比较系统地接受和学习了马克思、列宁、毛泽东的著作和哲学思想，成为一个进步学生，并加入新民主主义青年团。1951 年 1 月，我报名加入中国人民解放军第 45 军。1952 年 10 月，第 44 军和第 45 军合并为第 54 军，我经考试合格进入第 54 军军医学校学习。1953 年年初，部队奉命北上准备抗美援朝，我提前结业被分配到野战二所任实习军医，正式成为一名光荣的志愿军女战士。我随部队从广东出发，一路北上到达辽宁省，从温暖的南方进入到滴水成冰的北国，部队进行了短期的生活适应性锻炼和紧急集合、急行军等军事行动的强化训练，以及政治思想动员，举行了誓师大会，向祖国人民庄严宣誓：为了和平和正义！为了朝鲜人民和保卫祖国人民免遭美帝侵略！决心与朝鲜人民并肩作战，为消灭共同的敌人，争取共同的胜利而奋斗。

　　1953 年 5 月的一个夜晚，我斗志昂扬，随大部队跨过鸭绿江进入了硝烟弥漫的朝鲜国土。此时，志愿军和朝鲜人民军发起了夏季反击战役。6 月初，第 54 军开赴前线。战斗打响后，大批伤员同时送达，需要大量的敷料、绷带、药品、粮食、柴草等物资。我和战友们把用过的敷料清洗消毒，还要下山背面、米，上山砍柴，这些工作不分干部战士，不分医生护士，不分男女，人人都去做……

　　多年来，我始终没有忘记自己是一名党员和志愿军战士。

1953 年，一场大雪后，钮玉珍与战友合影，左起：军医朱静生、医助甘庚妯、药房调剂员苏群英、文化教员邓元

1951年潘碧如在朝鲜留影

1951年于入朝后被评为全中队优秀队全体学员留影，前排右一为潘碧如副班长，前排左一为余帼华班长

潘碧如

1935年12月生，上海人。1950年2月参加9兵团第20军教导团，1951年初随所在部队入朝，1953年调入第20军文化速成学校任数学教员，荣立三等功。

战火中的考验

1951年初春，我入朝参战，当时只有十七岁。在硝烟弥漫的异国战场上，我们不仅夜行军，跋山涉水，忍冻挨饿……历尽长途行军的艰辛，还不时地要经受战火和生死的考验。有一次，在经过一整夜将近八十里的行军后，拂晓时分我们到达了宿营地平壤市郊。平壤已是一片焦土，我们找到几处未被全部炸毁的房子安顿下来，中队领导在嘱咐我们"注意防空、注意安全"后，就急着去大队部开会去了。大家刚解开背包准备休息，突然听到一阵敌机的轰鸣声，接着就开始了轮番轰炸……分队长立即带领各小队上山防空，而我主动要求留在山下住房，一所被炸得门窗全无的邮电局里等待联络队领导。战友们上山不久，一颗炸弹在邮电局空地上炸开了，邮电局顿时湮没在火海之中。在山上防空洞的我的同一个班的战友杨月仙见此情景，认为独自在山下的我不是受伤就是牺牲了，她急得一面哭一面趁着轰炸间隙不顾安危地奔下山来找我，见到我安全无恙只是落了满身尘土时，她才破涕为笑。

这次敌机的组队轰炸，四架一组，隔几分钟一次，主要目标是山前铁路上的一列为前线运送物资的火车。我们从山上看下去，只见铁路被炸断，火车被炸毁，在熊熊燃烧的列车旁有不少战士在抢救物资，并不时有人负伤倒下……我们看在眼里，怒火中烧，激情涌动。在队领导的鼓励下，我们不少人带着急救包冲向轰炸地点去抢救伤员，其间我冒死为一名腿受伤的轻伤员包扎好伤口，在司务长的帮助下把一名倒在血泊中的重伤员送到安全地点，后来我获得上级表彰并发给"光荣证"。

齐文英

1934 年 8 月 生，1949 年 12 月参加中国人民解放军，1951 年 3 月，随中国人民志愿军第 12 军 34 师文工队入朝参战，1951 年 6 月，在第五次战役中眼睛负伤（为二等乙级伤残军人），1953 年年初重返朝鲜。

重返朝鲜回到战斗岗位上，1953 年齐文英于朝鲜留影

朝鲜战场琐忆

1951 年春，朝鲜北部，通向南方的公路上，白天渺无人迹，仿佛一切都在沉睡。只是到了黄昏之后，公路上才有了生机。汽车、马车、担架车、人流，交叉拥挤，是那样的汹涌，又是那样的沸腾。"跟上"的口令声，炮兵赶马的吆喝声，车马嘶鸣，吵吵嚷嚷。就这样走走跑跑，跑跑停停，直至黎明。参加第五次战役的志愿军兵团在向南挺进。我就与这洪流一起奋进了十几天，行程千余里。

记得过鸭绿江之后不多久，压在身上的五十斤重的东西实在使我疲惫，甚至感到了过江后战争气氛的压抑感。敌机沿公路不断丢照明弹和炸弹，企图阻滞铁流前进。特务也不断地在公路两侧山上打信号指目标。当照明弹将天空照得通亮时，部队不得不停散在路边。也只有在这时，部队才得以休息。当时我只有十六岁，又是文工队里最小的几个女孩之一。可我是组长，团小组长呀。因为肩上没有枪支和弹药，我拒绝了男同胞们的"互助"，脚也慢慢的不那么疼了。一天，王协理员站在路边，当看到我们经过时情不自禁地说："嗬！齐文英，驮着个大粮袋挺精神嘛，真像个毛驴子。"从此，我便有了"小毛驴"的雅号。

在部队投入战斗前，我们文工队员分别编入三个战地救护所，负责抢救、安置和转送伤员，在战斗间隙时，分组下部队采访，编排成节目以鼓舞部队士气。5 月中旬，战斗进入第二阶段，我所在的师担负向敌纵深穿插迂回的任务，

齐文英（前排右二）1953年在朝鲜元山与祖国人民慰问团艺术团演员合影留念　　齐文英（左）和祖国慰问团团长合影

救护所也随之不断转移。道路崎岖，环境恶劣，我部两翼距敌阵地近在咫尺。一天夜晚，一阵信号，我们紧急转移。这时天阴得看不见星星。倒是附近敌人炮弹爆炸的闪光和敌人的探照灯光"帮助"我们一个跟着一个前进，不致失去联系。就在这时，我前面的一个同志突然跌倒，正当我俯身准备将她扶起时，猛然一件铁器击中了我的右眼。我只感到眼前亮星一闪，泪水淌在了脸上，"我的眼睛"，我不自主地喊道。后面的同志停了下来，走在队伍后面的队长很快赶上前来，一面指挥部队跟上，一面询问我的伤情。前面的同志说："在我跌倒爬起来时，背上的十字镐碰伤了她的眼睛。"队长急忙把电筒贴近我的右眼亮了一下。"有没有亮？""有一点。""包起来！"说时迟，那时快，匆忙间同志们已把我右眼用绷带横七竖八地缠了起来，还把我所携带的救护器材、粮袋等物一起抢走。

大部队过去了，一个同志牵着我去追赶。走在后面的队长说："小毛驴，坚持一下，明天你随伤员一起回国治疗。"

"回国？"多么令我想念的祖国呀！当时我想起了前一天，一名战士在冲锋时，子弹打穿了他的肚子，我们要抬他下去，可他说："我没有立功，我还能战斗。"硬是用急救包将腰紧紧地缠住，挂着一根棍子，顽强地随着担架队向北方走去。"我不回去，就在战地救护所里边治疗边照应伤员。"我喃喃自语着。是啊，我的战友，张淮、游孟章已在前几天英勇牺牲了，我这点伤算得了什么。从此，夜行军时，就有一个同志用一根小棍或用一根小绳拉着我走，我手里也拿着一根棍备用，如同盲人行路一般。就在我右眼伤情加重，左眼又患夜盲症时，战役结束了。

撤出战斗后，部队到谷山休整，我们文工队的全体同志集中回师部。即将走到驻地时，前面有人喊："齐文英，师首长看你来了。"我抬起头，朦胧中我看见师长尤太忠、政委罗洪标、政治部主任傅甲三以及机关的同志们在前面站着，向我们频频挥手。"同志们辛苦了！""咱文工队这帮学生仔，第一次参加打仗表现不错！个个都是好样的。"我也看见首长们是这样的又黑又瘦，和战前判若两人，不由得内心一阵激动，眼泪忍不流了出来。我飞快地跑上前去，在举手敬礼的同时眼含热泪地叫了一声"首长好"。傅甲三主任看着我缠满绷带的头说："好几天前就听说文工队一个女孩伤了眼睛，原来是你呀。"罗政委接上说："赶快回国治疗，不能拖。"又是回国，满腔的热泪夺眶而出。"不，我就在这里治。"我很倔地说。尤太忠师长轻轻地抚摸着我头上的绷带打趣地说："你看你哟，活像毛驴上磨。""轰"的一声，同志们笑声不已。战友们说："她不肯去祖国医院，是怕回不来了。"尤师长说："不回国治，眼睛瞎了将来找不到婆家。""找不到算了，我不要。"脸挂泪水的我也忍不住腼腆地和大家一起笑了。"小毛驴……噢……"同志们一面拍着掌一面齐声喊，"小毛驴……噢……"山谷田间回荡着一片欢笑声"小毛驴……噢……"。

"大家先到驻地去吧，好好安顿一下，部队马上总结，你们文工队还有任务。"罗洪标政委对大家说。随后又对我说："小毛驴，你马上到军医那里去检查一下，去换换药，别的以后再说。"有一天，当师首长听说我还在和大家一起工作，立即给文工队领导下了两条指示："第一，齐文英搬到师部医务室去住，和师领导一起吃小灶，以增加营养。第二，除无人顶替的节目外，停止一切工作。"从此我就成了师首长饭桌上的一员。虽然我和师首长一起吃饭，可我总是千方百计去参加演出和找事做。当然也少不了军医在师首长面前告我的状，我也免不了挨师首长的训。可我的心里是甜的。

9月，尤师长的爱人王雪晨奉事回国，首长决定我和她一道回国，并让留守处领导立即送我住院治疗，不治好不准回前线。临行前，罗政委送了一件战利品——美国宝石派克牌钢笔给我作纪念，亲切地对我说："爱写字的娃娃，治好眼睛后多写点战地打油诗吧。"傅甲三主任说："入朝以来部队没有发过津贴，现在给你凑点人民币吧。"回国后，经邢台眼科医院的精心手术和治疗，除眼球上留下白斑，视力降低外，我又能工作了。出院后，我立即给师首长写信请求重返前线。1953年1月，我又回到了朝思暮想的朝鲜战场，见到师首长们，我高兴地说："报告首长，小毛驴归队报到。"

岁月悠悠，这一幕幕就像发生在昨天。如今我虽已离开工作岗位，可我仍记着我曾是一名志愿军战士，那岁月更令我永生不忘。

12军全军文艺战士在朝鲜谷山大聚会，进行交流观摩汇演后合影

1953年石季玉回国前留影

石季玉

1931年2月生，四川合川人。1950年10月入伍，1951年3月随中国人民志愿军第12军35师入朝。后分配到教导队文工区队任宣传员，阻击战后回国到第12军随营学校培训文化教员。

石季玉（右一）和她的战友们留影

1951年石季玉于朝鲜

石季玉（后排右二）与战友留影

石季玉（左）与战友留影

石季玉（右一）和她的战友们留影

汤忠恕

1936 年 2 月生，浙江平湖人。1950 年 3 月入伍，1950 年 11 月随中国人民志愿军第 20 军 89 师文工队入朝。

一个小女兵的战地记忆

1950 年 11 月 7 日,20 军下属四个师从东北集安跨过鸭绿江参加抗美援朝,那时我在 89 师文工队。过江前,部队把我们三个十四五岁的小队员留在了集安留守处。12 月 26 日第二次战役结束,1951 年的元旦把我们接到前线的文工队,并紧急排练节目为庆功表彰英雄人物文艺演出。第二次战役战斗之残酷,气候环境之恶劣,中美双方武器装备差距之巨大,加之南方部队入朝时冬装未换发,在零下四十摄氏度的冰天雪地里战斗,伤亡惨重。1951 年 2 月 89 师整编,我调到了 59 师文工队。接着 1951 年 3 月至 4 月的十三天行军,途中美国的飞机不间断地扫射轰炸,我们只能昼伏夜行,但夜间敌机投下的照明弹惨白一片,严重破坏着我们的后勤保障运输线,尽管沿途设置了防空预警哨,仍来不及隐蔽,敌机超低空飞行,我们都能看见飞行员的脸部表情,可见敌机猖狂之程度。我们没有高射炮,只能用步枪对空射击。

行军中我们都自背粮食,开始有大米,后来就只能吃炒面了。饿了就一把炒面一把雪,到了宿营地就挖防空洞,大的防空洞可睡一个班,小的只能睡三四人,捡些枯叶茅草铺垫再裹上被子相拥而睡。每天步行八十里,脚上都起了血泡,脸上、手背、耳朵上满是冻疮,但没有人叫苦,也没有人掉队,这是一种信念和精神的力量。

1951 年 4 月 22 日第五次战役开始,师文工队的男同志统统下连队,女同志去医疗队和前方帮着照顾和抢救伤员,学着给伤员打针、挂水、喂药并清洗有血污的纱布绷带，夜间也站岗放哨，我们没有枪，只配了两枚手榴弹，每两小时换一次班。

医疗队离前线很近，敌人的炮弹经常落在我们的后面。为了保证伤病员的口粮，我们四五天要去背一次粮食，途中要经过还在燃烧的战场，踩着下面仍被冰雪掩盖着的美国兵的尸体行进着。我们每人有一条一两米长的细圆柱形的布袋，每袋可装十五斤米，口袋扎紧后就挂在胸前。我们就这样坚持到 5 月 21 日，第五次战役结束和历时四十三天的阻击战至 7 月 25 日，27 军来接防，此时分散在连队和医疗队的所有文工队员全部归队。

在中线阻击战中，我们文工队遭到了敌人远程炮弹的轰击，炊事员老安被炮弹炸飞了一条臂膀，倒地血流不止，我们大家从防空洞出来围着他哭喊着……老安五十多岁，无儿无女，对我们非常好，我们都喊他"老爸"。六十多年过去了，回忆这段经历仍不禁泪流满面，他的遗骨还葬在朝鲜。

1952 年回国后，在山东兖州薛家庙驻地，汤忠恕（前排左一）和她的战友们合影

汤忠恕（右）与战友在演出

第二次战役后，20 军 59 师文工团为前线战士慰问演出

唐书香（左）与战友陈心泰归国后于河北合影

唐书香

1929 年 5 月生，陕西西安人。1949 年 12 月入伍，1951 年 3 月随中国人民志愿军第 12 军 34 师入朝。

永不掉队

这是在抗美援朝战争中，我永远难忘的一件事。

这一天是我和曹孟琴值日做饭，真倒霉，八九点钟就遇到了敌机轰炸，大家都没有休息好。吃了午饭，稍休一下后，下午两点多钟就到了交班时间。我就和小曹商量说："今天敌机轰炸，大家都没有休息好，我想今天咱们就不交班了，我们连做晚饭，让他们多休息休息。"小曹说："副班长，我听你的，没意见。"我俩就地在山坡拔了些野菜，给大家做了一顿牛肉罐头野菜汤，大家吃得十分满意。五点半钟集合出发，由于我俩连续做饭，没有休息好，十分疲劳，在行军中就地休息十分钟时，两人都睡着了，连起立继续行军前的嘈杂声也没有吵醒我们。不知睡了多久，我猛地从睡梦中惊醒，四周连一点声音也没有，天很黑，伸手不见五指，只有我旁边的小曹还在睡着，其他空无一人。我明白是大部队已经出发了，当时心中一惊。我镇静下来后想我不能移动方向，不然就会迷失部队前进的方向。于是我按起立时的原样坐了下来，回忆当时休息时我的坐向、前后的同志。我想明白了部队的前进方向后，叫醒了小曹，也叫她回忆部队前进的方向，她指的方向和我想的是一样的。我安慰小曹说："部队已经走了，不要怕，我们有两个人做伴，我们已经搞清了部队的前进方向，说不定他们走的时间并不长，我们还能追上他们。"小曹比我小两岁，一贯对我很相信。怎么追部队呢？我想起了部队前些日子

唐书香的二位战友在朝鲜合影

唐书香（前排右二）与七位战友在朝鲜合影

唐书香（右二）与三位战友在朝鲜合影

还通报过五名志愿军女同志掉队被敌特杀害的事。我想，必须想出个保护自己的方法，我忽然想起了在一本杂志上看到的防特务的一个方法，我对小曹说："我们俩拉开二十米的距离往前走，如果有动静就藏到路旁的玉米地里。如果我被特务抓住，你不要管我，向反方向逃去，并要呼救；如果你被特务抓住，我也用同样的方法去呼救。"

这时只听见后面传来行军的脚步声，我俩立即躲进紧挨着路边的玉米地里。却听见有人照着电筒大声笑着说，"你们别藏了，我们早就看见你们了"。接着后边又有十几个人也过来了，我们认出是志愿军同志，当时的心情真的是难以形容……带队的山东大汉说："你个子小，就排在队伍的第一个，这样你要省力些，免得跟不上。"他问明了我们部队的番号，说："不远了，两个小时后你们就到了。"我们找到自己的班组后，大家抱成一团。从那以后我才知道，部队还设立有专门的收容队，我暗自下决心："永不掉队！"

1952 年冬，唐贤琴在朝鲜东海岸海军司令部驻地留影

1952 年春，唐贤琴（后排右一）与战友在朝鲜谷山合影

1952 年唐贤琴于朝鲜

唐贤琴

1933 年生，重庆人。1950 年 10 月加入中国人民解放军。1951 年随中国人民志愿军第 12 军 35 师入朝作战，金城阻击战后回国学文教。1952 年第二次入朝，调入 34 师 102 团政治处工作队任工作员。1953 年调入第 12 军"前方速校"任文化教员。

点点滴滴都是情

我于 1950 年 10 月报名参军，经过文化、政治考试，分配到 12 军。1951 年 3 月，我随部队高唱"雄赳赳，气昂昂……"战歌，迈过冰封的鸭绿江，进入了朝鲜国土。

为了保守秘密，避免敌人空袭，我们黑夜里背着行装、干粮、水壶、手榴弹、洋锹等行军，白天宿营。每夜走的路程，多则七八十里，少则五六十里。为了更好地隐蔽防空，多是抄山路走、翻峻岭、穿森林，有时也走在公路上。那公路上人员车马川流不息，有上前线接受战斗任务的队伍；有给前方运送粮食弹药的汽车、骡马；有从前线下来回后方休整的队伍和护送下来的伤病员。车鸣、马嘶、人喊……千军万马，来来往往，如潮水一般，穿梭奔驰在一条道上。不时传来口令："快跟上！""别掉队！"一阵阵急促的口令和脚步声中，我们一个紧跟一个地往前赶路。在人与车混杂的公路上，注意力要十分集中，一不留心就会误入其他部队行列。而敌机则常封锁交通要道，投下耀眼的照明弹，照亮半个夜空，进行扫射、轰炸。一遇上这样的情况，我们插上树枝伪装，原地不动，以免暴露目标。我们镇静地隐蔽着，敌机未发现目标，就飞走了。有时敌机也会盲目俯冲打机枪、投炸弹。

1952年，唐贤琴（前排右一）与12军前方速成学校部分教员在朝鲜谷山合影

1952年，12军前方速成学校校长朱俊杰与部分教员、学员合影。第二排左二为唐贤琴

唐贤琴（前排左一）与战友贺泽美（前排左二）、陈锡媛（后排左一）、黄景赢（后排左二）合影

到达宿营地后，有时住在被敌机炸毁的屋子里，有时露营于山野树丛中，有时住在先前部队挖的防空洞里，低着头弯着腰钻进去，也顾不得有多潮湿。背包一放，还要自己动手烧饭、烧水烫脚，在烧火时不能冒出烟火暴露目标。饭后休息，睡过白天，我们又整装出发了。

要过封锁线，又是一声声紧促的口令："跟上！""跟上！"我们班小杨只有十四岁，个子又小，穿着又大又长不合身的棉军装，脚穿一双高筒大棉靴，走起路来一歪一歪的，沿途都在大家的帮助下行军。副班长石季玉是个四川高个子，分管生活，她背一支苏式步枪，还经常给小杨背背包，两个背包重重地把她两肩压得发红发肿，她的腿筋也受到损伤，行军结束后仍长时间一拐一拐地走路。我们就是这样紧跟部队跑过封锁线，上气不接下气地到了安全地带，便听到"原地休息"的口令。这时心花怒放，好不快活，立即卸下背包，迫不及待地去找小便的地方，找水喝。在短短的休息当中，简直是争分夺秒抓紧时间躺在背包上，有时传来"呼噜""呼噜"的鼻鼾声，不知是谁，竟进入了梦乡……

有一次跑过了封锁线，原地休息下来，我渴极了，水壶已没有水，便向一个又一个女同志要水喝，她们摇摇水壶均无声响。终于走到一个睡着的男同志身边，我摇摇他的水壶，"咣当咣当"发响，我急忙拿起水壶，"咕嘟、咕嘟"喝了几口，顿时心里十分清凉，好不惬意。但走不多时，谁知嘴里逆发出一股股的汽油味儿。哎哟！喝了汽油了，那位"烟哥"把打火机用的汽油灌在水壶里，害得我一路上直喷出那股难受的汽油味。

要过江河，我们挽起裤腿或脱掉棉裤，手拉手肩并肩地慢慢地涉入水中，哪管它水有多冷，哪管月经来潮的日子，顾不及影响健康。走着走着水淹没了膝盖、大腿，乃至胸膛，这时双脚似乎飘飘然不能着底了，我们就互相支撑着，你拉我拽，艰难地渡河到达对岸。

连续二十来天在战火中昼宿夜行，跋山涉水，也不知爬了多少座山岭，蹚过了多少条江河，跑过了多少封锁线，冲过了多少次敌机袭击。日复一日，两腿红肿，脚板上打起豆大的水泡，仍坚持在敌人炮火中冒着生命危险行军，在种种困难面前不示弱、不懊悔、不气馁，高唱着"我们年轻人，有颗火热的心，紧跟革命向前进……"

1953年，唐贤琴（前排右二）在朝鲜与12军34师102团团长、武绪昌（后排右四）以及团机关工作人员合影

1953年唐贤琴（前排左二）在朝鲜东海岸与战斗英雄黄家富合影

踏上唇齿相依的朝鲜国土，亲眼看到朝鲜人民生活在水深火热之中，残暴的敌机狂轰滥炸，房屋被毁，村庄被烧，到处是焦土、废墟。在一次黑夜去兵站扛粮的路上，见敌机投下的燃烧弹，烧着了朝鲜人民的房屋，老百姓抬着烧焦的尸体，我们义愤填膺，对残忍的敌人十分憎恨，对祖国大好河山更加热爱。因而，不管在什么情况下都以高度的责任心去做好每一件工作，完成各项任务。

每次战斗结束，有不少同志立功，也有不少同志牺牲。对立功的功臣们的英雄战绩要整理，向其家庭所在的政府报喜；对牺牲烈士的悲壮事迹要加以整理，在部队中进行宣扬。通过许多可歌可泣英雄战绩的整理，自己也受到很大教育。如我团九班长刘宝成同志在旧社会逃荒要饭，受尽了苦难，到了革命部队提高了阶级觉悟，在战场上负伤不下火线，最后拉响爆破筒与敌人同归于尽。孤胆英雄高守馀同志，他一人打退了敌人多次进攻，保住了阵地。

这些英雄、烈士感人的事迹有力地激励着我，一直到今天。

部队总结出现代化作战经验，需要提高干部文化水平，而我们部队干部多来自工农子弟，深感文化低的困难。为了帮助他们学习文化，我们创建了战地速成学校，教速成识字法和速成写作法，热心帮助他们早日掌握文化知识，耐心传授，手把手教他们。经过他们主观努力，刻苦学习，终于迅速提高了文化程度，当他们能看懂文件和工作报告时，我们无比欣慰。

为了活跃部队文娱生活，我们把美国兵的大罐头筒做腰鼓打，将留声机搬进坑道播放。常香玉的豫剧、《王大妈要和平》《美帝国主义罪恶滔天》等唱片，很受战士们欢迎。

我们女兵也要站岗放哨，驻地分散在山沟里，夜里站岗，时而听到森林中"唰唰"的响声，或一种怪叫声，也不知是特务的恫吓还是野兽的吼声，令人毛骨悚然。我们端着枪，握着手榴弹，睁大眼睛，警惕地注视着四周的动静。大家宁肯少睡些或不睡觉，多几个女兵三三两两分头来回巡视，或隐蔽在黑暗处、屋檐下，严密地监视着一切可疑的情况。

1953年，唐贤琴（前排右二）、唐书香（前排右一）、张冲（前排右四）等在朝鲜谷山与12军前方文化速成学校部分教员和朝鲜阿妈妮、孩子合影

　　一切为了支援前沿部队，我们有时供应不上粮食，就以黄豆拌大麦、炒面、啃压缩饼干充饥，没有菜就到山坡野地里挑野菜，在水溪边捞水芹菜。有时我们到一二十里路外的兵站去扛粮，开始我们女同志扛不多，只能用小袋分装扛回。经过一次一次的锻炼，一袋五十斤的面粉也能扛回来，我们的体力就是这样练出来的。能吃大苦耐大劳，挖防空洞、砍树、抬木头、搬泥土，到高山割茅草，亲手盖防空洞居住。在这样的日子里，也从没有忧愁和苦恼，没有私心杂念，没有嫉妒，十分纯真，十分豁达，十分乐观，同志们亲密无间地生活在一起，总是乐呵呵的，还经常在睡梦中高兴得笑醒过来。这些日日夜夜的战地生活，深深地影响着我的一生。

瓦兆萍

1931 年生，重庆人。1949 年 12 月入伍。1951 年 3 月随中国人民志愿军第 12 军入朝。

王元益（左）与战友合影

王元益

1932 年 12 月出生，湖北黄陂人。1949 年 12 月入伍。1951 年 3 月随中国人民志愿军第 12 军入朝。

王成英

　　1933年9月生，重庆合川人。1950年2月入伍，1951年3月随中国人民志愿军第12军入朝，曾参加第五次战役，担任卫生员工作。1954年回国，在第12军留守处工作。

1953年6月30日，王成英（左）和战友沈楚芳合影

在朝鲜禾乐里，王成英（后排右一）和战友合影

1950年12月，王成英（前排右一）与参加12军卫生部一分院作赴朝前培训的人员合影

1951年，第五次战役时王慧瑛（中排左一）与战友在朝鲜竹根里合影

王慧瑛

1935年生，江苏常州人。1950年3月参加中国人民解放军，1951年3月随中国人民志愿军第20军入朝，历经第二、第三、第四、第五次战役，以及第五次战役后艰苦的阻击战役，荣立三等功、四等功各一次。

难忘长津湖畔

1950年6月，朝鲜战争爆发，战火迅速扩大。我9兵团第20军由原来准备解放台湾，一改准备抗美援朝，我们这批近千名新兵，随大部队从上海近郊车运北上，到山东兖州待命。11月中旬，整个20军奉命急速北上，立即投入抗美援朝第二次战役。我们教导团北上后，暂留东北通化县境内的头道圩子待命。到达通化头道圩子不几日，我被分配到军直教导团文工队工作。文工队队长叫朱仁，是位文艺战线上的老革命，是军文工团里业务能力很强的骨干。当时只听说，在有名的歌剧《白毛女》中他饰演王大春，他是位严肃认真、知识渊博、十分受同志们尊敬又亲切的首长。我到文工队的第一个任务是参加《让战魔发抖吧》五幕七场话剧的演出。虽然我不是主演，但我积极主动地配合做了许多台前幕后的工作。《让战魔发抖吧》一剧的演出，受到部队战士干部们的热烈赞扬，还受到通化党政群众的邀请。我们专程在通化大剧场对外公演多场，受到当地政府和广大群众的盛情称赞。演完最后一场，我们背上背包、乐器和简单的舞台设备，第二天夜晚，告别了祖国，告别了通化的父老乡亲，登上了入朝列车，进入冰天雪地、战火纷飞的朝鲜战场。

我所在的志愿军9兵团第20军教导团，是战时培训、储备干部学校性质的部队。教导团文工队是一支文艺轻骑队，全队有七八十名男女队员，说、拉、弹、唱、跳、画样样会点，人们称之为"三脚猫"队员。我们时而集中演出一台小戏，时而分散到各部队开展兵演兵、兵唱兵小型宣传鼓动工作。第二次战役后，大部队已经开到五公里地区休整，后方部队仍留在东线咸兴南道一带驻扎，我们文工队驻扎在一个叫塔洞里的小村落。一天晚饭前，队长朱仁紧急召集我们二十多人开会，他非常严肃地宣布，受兵团部之命，马上出发，执行紧急任务，兵团部已派汽车来接。在朱仁队长领导下，我们立即组成了乐器队、小合唱队，还有美工装置队，整装出发。任务紧急，队长朱仁顾不得吃晚饭，他腰间挎了把左轮手枪，随跟着一个小通讯员。登上汽车前再次询问检查各项装置，如灯光、幕布等是否带齐。汽车在夜间不能开灯，车行较慢。记得这天夜晚，亮亮的、圆圆的满月照耀着远近山峦，我坐在汽车上，周围景色能看得很清楚，汽车沿着山路向上爬行，大家猜想一定是黄草岭。汽车所过之处，一路只见公路上、山岭上，包括公路两旁都是东倒西歪的美国坦克，燃烧后的汽车、炮车的残骸。越往前行驶，这种景象越多，我们的汽车有时甚至就在两辆坏坦克之间驶过，这种景象让我们这些从未真正到过战场的年轻人目瞪口呆，车上的气氛有些紧张肃然。汽车吃力地在崎岖的泥石公路上蜿蜒地向上爬行着，好几次车轮陷入弹坑。男同志们抢先下车推，远方的夜空闪亮着炮火光，半空中悬着照明弹，附近特务发射的信号弹，像是流星闪烁。我们看到山坳转弯处有几辆大型坦克趴在公路边，据说那是当时世界上最大吨位的坦克，美国兵把它当作活动碉堡。看到此，更使我们感到第二次战役打美军陆战一师、骑一师时，我们的将士们打得多么的艰难困苦，又是多么的勇敢顽强。到了黄草岭岗口，所见之处，更使人感觉到战场的恐惧。我看见到处都是燃烧过的坦克、汽车、各式炮车、吉普车和各种大炮等残骸，狼藉一片，还看到东一段、西一块的烧焦炸断了的人体残肢，有的发了黑，有的发了紫，可想当时敌我双方战斗的激烈、残酷。我们汽车擦肩而过的两架大型直升机，趴在公路两侧，大家说："好大的家伙。"来接我们的兵团部的马干事介绍说："这里是二次战役黄草岭战斗的主战场，敌人要从这里逃跑，我们用了一个军的兵力把敌人死死地围困在死鹰岭到长津湖、黄草岭这条窄长的区域里，像扎口袋一样收紧，关门打狗。由于当时我们的武器主要是轻武器，最好的只是机关枪和迫击炮，所以还是让敌人从这里逃跑了一部分。我们的战士阻击得非常英勇顽强，零下三四十摄氏度，穿着单薄的军装。在打扫战场时，发现许多战士、排、连干部手中紧握着自己的枪瞄准前方，视死如归，决心与敌人血战到底，由于天寒地冻，被活活冻死在阵地上，情景十分悲壮，感天动地，催人泪下。"听了马干事的介绍，看到如此惨烈的战场，我们的志愿军英勇顽强、顶天立地的英雄气概，使我们精神振奋，我的满腔热血沸腾起来。汽车继续在这片废墟上前进。当星斗稀落、月牙儿沉落在山背面时，汽车停下，我们才知道目的地到了，是长津湖畔的下碣隅里，任务是为抗美援朝第二次战役壮烈牺牲的英烈们开追悼大会。朱仁队长下车与来迎接我们的兵团部民运部长握手，部长向我们表示欢迎，并安排我们几十名同志在临时挖的窝棚里休息，男队员安排在左边，女队员安排在右边，此时已是黎明时分，少息片刻。天刚放亮，我们几个就起来了，走出低矮的窝棚，出于好奇，想到处看看。只见西边几里路外还有四五架东倒西歪的美国飞机残骸躺在地上，北边是长津湖堤，已遭到严重破坏，南面一片平地用铅丝围着，地上躺着用白布包裹的一具一具牺牲烈士的遗体。后来我们才知道，这些牺牲烈士的遗体，是前两天民工运来的，刚包扎好。这也是第二次战役中最后一批在战场上找到的牺牲烈士的遗体，还没来得及掩埋。我站在那里，不由得泪流满面，久久不肯离去。听说第二次战役结束后，兵团部组织数千民工打扫战场，寻找牺牲烈士的遗体，工作量很大。

早饭后，大家根据各自的分工，忙碌了起来。记得当时最为难的是用什么曲子作为哀乐，几位搞音乐的同志苦思冥想地提出几首曲子作哀乐的方案，最后由朱仁队长确定采用苏联十月革命时期列宁喜爱的一首歌曲作为哀乐。据说每当在革命斗争中有同志牺牲，列宁闻讯后都会情不自禁地哼唱这首歌以作悼念，记得歌词大意是：

感受不自由
莫大的痛苦
你为自由而奋斗
洒热血抛头颅
而光荣的生命牺牲
英勇，你英勇地光荣牺牲
……

曲谱是根据当时两位同志回忆，边唱边记，然后修改抄写的，乐队和小合唱队每人一份，各自去练习。美工装置组的几位同志，根据设置灵堂的要求，带领民工搭台建棚，撑起一个能容纳二三百人的临时祭堂。追悼会的筹备工作经过三天努力，初步就绪，乐队和小合唱队也进行了合练，指挥部的领导和朱仁队长几次亲临观看、纠正，都比较满意。

第四天清晨，大家早早起来，做了最后的检查。主祭会场设在"干英陵"小山脚下，"干英陵"主要安葬抗美援朝第二次战役东线战场上牺牲的英雄模范和团以上干部。用松柏树干搭起牌楼门，每个墓穴前用木牌写着牺牲烈士的名字，虽然简陋但十分肃穆。各路参加大会的人员陆续到来，有朝鲜各阶层人士，有道级与郡级的委员长，有朝鲜人民军代表、志愿军方面的代表，有志司政治部代表、参战军的代表，还有民工代表和朝鲜人民代表，总共两百多人。参加追悼会的人员到齐，大家排队走入会场，乐队奏起了哀乐，入口外每人发了一枝松柏、一个黑袖圈，会场显得异常萧然静谧，气氛十分庄重。司仪由兵团部民运部长担任，主祭人是一位朝鲜官员，他换了一套黑色上装，白色筒裤、头戴龟冠帽，这是朝鲜人民重大庆典的装束。追悼大会开始，乐队奏哀乐，静默致哀后，主祭人致悼词。因为是朝鲜语，我只听懂了几句，然后是志愿军总部领导讲话，他边讲边落泪，会场下有哭泣声，他的讲话不时因悲痛而中断，气氛十分悲壮，大家都沉浸在对牺牲战友的崇敬、怀念和悲痛之中。有些同志抑制不住自己的情感，号啕大哭起来。顿时，整个会场哭声动地，司仪只好指挥我们的乐队一遍又一遍地反复奏哀乐。最后只好请主祭人和各界人士退场到"干英陵"上去瞻仰陵墓，本来是没有安排这个议程的，因为是白天，怕敌机来骚扰。事后，兵团民运部长向我们说，他真捏了一把冷汗，还好，敌机没有来。围着"干英陵"墓穴，大家怀着对烈士的怀念和崇敬，把手中的青松柏轻轻放在烈士墓前，整个追悼会前后用了两个多小时。

结束后，我们又忙着帮装置组收拾会场。队长朱仁来了，他眼角上还闪着泪花，用嘶哑的嗓音说："收拾好，然后各自回地下室打点好行装，晚饭后六点钟上车，回驻地。"饭后，还是那位兵团部的马干事来送我们，指挥部的同志们都来送行，部长紧紧握着朱队长的手，表示深深的感激之情。汽车启动了，送行的同志不断地招手，我们也挥手分别。

没过多久，我们文工队再次接受兵团部的命令，这次的任务很明确，还是到长津湖畔的下碣隅里，为第二次战役参战的英雄部队、英雄集体和英雄模范们开庆功大会。在朱仁队长的带领下，我们个个精神饱满、热火朝天地工作起来。全体队员为躲避敌机轰炸，每天要走好几里路到深山沟里精心赶排节目，大家决心要把这次庆功大会开得热热闹闹的，朱队长对我们更是从严要求。还是兵团部的汽车接我们，我再次经过黄草岭，见战场留下的各种大型残骸已基本打扫干净，只是新添了许多敌机炸出的大小弹坑，有一些小型的炮车、汽车、吉普车残骸还趴在路边。再次爬黄草岭，车速也加快了些。到了长津湖畔的下碣隅里，队长朱仁马不停蹄地带领我们立即布置会场。舞台上方是大红布横幅，上书"庆功大会"四个大字，舞台两侧也是大红布，一边是"向英雄模范学习"，另一边是"向英雄模范致敬"。文工队队员姚明夫会写一手美术字，他在纸上写好这些字，我们几个女队员，剪的剪，贴的贴，会场布置得既美观又热闹。这次庆功会，朝鲜人民军军乐团也带来了一些节目。在这次庆功大会上，我参与了好几个演出节目，有我与王敏跳的朝鲜舞《童心舞》，我的独唱《鸭绿江水慢慢流》《慰问信飞满天》，与羽南合唱的《王大妈要和平》。我还参加了一个独幕话剧的演出，此剧是我们文工队自编的，是讲一家三代朝鲜人，父亲上前线打美国鬼子，母亲被敌机炸死，剩下阿巴吉（爷爷）、阿姆妮（奶奶），还有一个小孙女，老少三人勇敢抓特务的故事。我在剧中演小孙女，庆功会的压轴节目是我们的《腰鼓舞》，这最后的节目演得很成功，把庆功大会的气氛推向了高潮。我们的腰鼓打得全场战士都站了起来，和着我们的鼓点不断鼓掌，经久不息。整台节目演出了两个多小时，我们完成了庆功大会的布置和演出任务。

在朝鲜战场上一年多，以上只是我许多回忆中的一部分，参加长津湖畔的追悼会与庆功大会，给我思想上极大的震撼，是自己心灵上的一次"洗礼"，受益匪浅，终生难忘。在以后的漫漫岁月里，每当碰到一些问题和困难时，回忆起长津湖畔的追悼会、庆功会的情景，想到那些躺在长津湖畔和埋葬在异国他乡的烈士们，顷刻间精神上得到净化，倍添勇气和力量。

朝鲜松田洞合影 52.

王乐英

1934 年生,河北定州人。1950 年 2 月入伍。1951 年 3 月,随中国人民志愿军第 60 军 180 师入朝参战。

难忘三件事

刘世林改编

突出重围

1951 年 5 月,第五次战役第二阶段,由于指挥失误,使我 180 师被数倍敌军包围,在孤立无援的情况下,师首长果断命令部队突围。我们文工队与司政后机关的科室人员、医院及其他非战斗人员编在一起共四百多人,在师军务科长张杰、师直政治处主任王逸民带领下突围。敌人的坦克、飞机、大炮狂轰滥炸,围追堵截,环境万分险恶。当我们穿越一片开阔地时,忽有一颗炮弹打了过来,我赶忙拉李怡波趴下,只听身后一声巨响,炸得尘土飞扬,我俩要是趴慢一点就没命了。当时我们日夜行走,不吃不喝,其实我们也没东西可吃了,心里只是想,男同志能走,我们女同志也能走,就这样飘飘然夹在队列中前进,随时都有倒下的可能。敌人炮弹不时从头顶上飞过爆炸,晚上敌人探照灯照得刺眼。突围人员在张杰、王逸民两位领导的正确指挥下,巧妙避开敌人封锁,经四昼夜穿插迂回,几次绝处逢生,终于奇迹般地把我们这批弹尽粮绝的非战斗人员带出重围,胜利归来。

前沿阵地过国庆

1952 年春天,我们 180 师文工队住在松田洞、下桥洞一带山林之中,我们住的和排练节目的防空洞都是自己动手一锹一铲挖出来的。文工队有二三十人,那时人少事多,每人身兼几职,人人是多面手。女队员少,只有李怡波、柯瑞芳、冯世德、肖明珠、尹志军、段淖霞、王士俊和我八个人，个个青春亮丽，英姿飒爽，引人注目。

文艺兵也不是容易当的，战斗时跟着部队行军打仗，还要做宣传鼓动工作。平时，常下连队演出、教唱歌、跳舞，有时也教战士识字、学文化，女队员还抢着帮战士洗衣、缝补……每年元旦、春节、国庆、中秋等重大节日，要深入前沿阵地慰问演出。女队员把祖国慰问的香烟等慰问品省下来送给一线指战员，队里的男队员找我们要烟都舍不得给。尽管战火纷飞，条件艰苦，但战友之间的感情很深，对胜利充满了信心。

我记得1952年的国庆节与中秋节相连，只差两三天（10月3日中秋节）。节前，分队长张晓尧带着赵青、柯瑞芳和我，直接下到538团的最前沿慰问演出。可到前沿阵地是要过封锁线的，常有敌人冷枪冷炮的袭击和敌机扫射，为了安全，每次都要派通信员和熟悉封锁线情况的人护送我们。所演的节目，多是临时编排表扬连队里的好人好事、说快板书、唱歌、跳舞，也有胡琴和小提琴演奏，短小精悍，结合实际，生动活泼，深受指战员的喜爱和欢迎。

从前沿阵地慰问回来，第二天又是国庆节。我们就地取材采来一些松枝、山花，把防空洞装扮得喜庆吉祥，漂漂亮亮，还贴上庆祝国庆一类的标语口号。排练场地也清扫得干净整洁，小舞台上拉上横幅，悬挂着鲜艳的五星红旗，我们用联欢会自娱自乐的方式来庆祝祖国成立三周年。

联欢会开始是大合唱《歌唱祖国》《志愿军战歌》等雄壮昂扬、催人奋进的歌曲，然后，各自表演自己的拿手好戏，有男女声独唱、对唱、二重唱、小合唱、快板书、二胡、小提琴独奏、舞蹈……我是独唱演员，先后唱了《王大妈要和平》，东北民歌《王二嫂过年》《我们新疆好地方》……演出的气氛欢快热烈，把我们对祖国、对人民的挚爱情怀深深地融入节目之中。

死去活来

1953年5月底，我们文工队三位女同志冯世德、肖明珠和我，还有男同志张晓尧、刘佩荣、魏跃先等奉命到前沿阵地慰问演出。我们爬上山顶，看到师指挥部一颗颗红色信号弹腾空而起，山脚下的"喀秋莎"火箭炮发出怒吼，咚！咚！咚！炮弹似流星飞向敌军阵地。顿时，敌军阵地一片火海，我们欢呼跳跃！高喊：我们打翻身仗了！我们打翻身仗了！炮火一停，马上赶去慰问。不料我们到达阵地时，早已炮去山空。

敌人为了报复，派飞机轮番对师部所在地轰炸扫射。对此，我们早已司空见惯，不惊不怕，仍在掩蔽部里排练节目，准备晚上再上前沿演出。

中午，我们三个女同志打算到掩蔽部休息一下，当我们刚进掩蔽部，一颗炸弹落在头顶上，掩蔽部被炸塌，泥土、弹片将我们三人击倒。当时我想到，不好！忙拉躺在我身边的冯世德说："我们要死了，我们被炸死了。"接着就什么也不知道了。不知过了多久，听到有人叫"王乐英、王乐英。"这时我感到全身疼痛，睁不开眼，张不开嘴，突然放声大哭。接着又听到有人喊："王乐英活过来了！"可是肖明珠和冯世德再也没醒来，从此，她俩长眠在朝鲜的土地上。我因伤被转到兵团医院进行手术，最后，转到佳木斯医院。

我是死过一次的人，死去活来，更珍惜生命，我为自己庆幸，更为逝去的战友而悲痛。

王佩英

1935 年生，上海人。1950 年 3 月入伍，1951 年随中国人民志愿军第 20 军入朝。

在朝鲜，我们的精神生活是充实的

1950 年 11 月，正是朝鲜冬天极度寒冷的时候。我随治疗队进入到朝鲜，气温在零下三四十摄氏度，而部队匆忙入朝，衣装准备不足，战士成批冻伤。我虽然年纪很小，但不忍看见伤员的痛苦，多次脱下贴身的毛衣、卫生衫给冻伤病员包脚，并用自己的体温去焐热他们的伤患处，得到了领导和伤病员的表扬，连着两次获得"光荣证"。

除了冰天雪地中艰苦卓绝的行军、背粮等军旅生活，我们还经常受到敌机空袭，生命随时受到威胁。1951 年年初，我们医疗队奉命回齐齐哈尔接新兵。在返回朝鲜途经一个小城市准备安顿下来吃午饭时，朝鲜老百姓牵着一头大牛在街上经过，被敌机发现，就用机枪对准我们扫射。正在为我们烧饭的司务长不幸中弹身亡，边上的一位同志被炸断双腿，这次医疗队总共死伤了十几位同志，我跟着班长跑得快，才得以幸免。但在时隔不久的另一次敌机轰炸中，我在跳窗时扭伤了双脚，造成了很长时间行军、生活的困难。

第五次战役叫"穿心战"，前方部队一直打到南朝鲜的汉江。因为战线拉得太长，粮食弹药供应不上，不得不奉命掉头北撤。我们从后方顿时变成了真正的前方，冒着上空呼啸而过的敌机骚扰，坚持昼夜不停地加速撤退，一面沿途搜索美军留下的食品，其间不少同志因伤不幸被敌人俘虏。我们则带着一百多名伤员排着队走，不让一个人掉队。在上空"安静"时，我主动为大家说快板、唱革命歌曲，鼓舞士气；一听到枪声或飞机声，就马上分班左右卧倒。有一次我卧倒在一个大草包上，等飞机一过，爬起来一看，竟是卧倒在一名血肉模糊的牺牲的战友身上，我心里既恐慌又伤心，还大哭了一场。

朝鲜的战地生活是艰苦的，并不时有牺牲的可能，但我们的精神生活是充实的，因为我们的事业是正义的。

王瑛（二排中）与战友合影　　　　　　1951年4月王瑛留影

王瑛

　　1930年12月生，安徽蒙城人。1949年12月入伍，1951年3月，随中国人民志愿军第12军入朝，参加第五次战役第一阶段和第二阶段战斗。

1951年第五次战役后，王瑛（右）在朝鲜谷山与战友合影

我一生最难忘的时光

　　那是我第一次走上硝烟弥漫的战场，六十多年过去了，那些惊心动魄的经历至今记忆犹新、历历在目。

　　1950年年底，我乘轮船出川，到武汉后转乘火车北上到达辽宁省宽甸。经过短期集训，学打枪、学朝鲜话、练身体，出发前召开了抗美援朝出征宣誓大会，并发了作战所需物品：一把铁锹、一块雨布、一袋十斤左右的炒面、水壶、挎包、一双新胶鞋……我还有一把小手枪，总重量在五十斤左右，一切就绪后才整装出发。1951年3月24日下午6时，我们从长甸河口跨上浮桥过了鸭绿江，过江后急行军赶赴前线参加第五次战役的作战。当时敌人掌握制空权，敌机整天在我们头顶上转，我们只能"夜行昼宿"。一夜行军六七十里，最多时走一百二十里，人不但疲惫不堪，仅两天脚上就起了许多血泡，非常痛。从黄昏走到天亮，到了宿营地一躺下去就睡着了。但班长一定要大家用针挑破血泡把血水挤出来，这样第二天脚就不痛了，对班长的关心，我们心里感到非常温暖，第二天确实有效果。开始还可以在公路或山沟里找到空民房、防空洞住，越往南走什么也找不到了，多半在路边的树林里挖掩体或者到山脚边坐在背包上睡。有时行军途中遇见敌机，他们先丢下十几颗照明弹，照得满山如白昼，紧接着，飞机向下俯冲，机枪连续扫射。开始我心里很怕，领导同志大叫："快跑到山脚边趴下，不要乱跑就安全了。"一两次后，就不再紧张、害怕了。急行军二十天左右，于4月中旬到达谷山，休整两天就投入第五次战役第一阶段的战斗。军司令部下令向敌人发起进攻，经过几天激战，我军击溃了土耳其旅，突破"三八线"，追击敌军百余里，进抵汉江北岸。为了适应战情需要，机关人员大部分派到离前线较近的野战医院工作，我和几个同志到第四野战医院，负责接收和转运伤员，给伤员吊瓶，照顾生活，为医院运送粮食，拦住给前方运粮军车把伤员转运到后方医院或后方防空洞，当伤员实在无法处理时，那只有"青天为帐地为床"了，让人心里实在难受。最让人刻骨铭心的莫过于掩埋同志的尸体，那么年轻的生命就这样离去了，

王瑛（前排右二）与战友在朝鲜合影

永远躺在异国他乡的土地里，我们一边埋一边流泪默念：同志！安息吧！为了和平，为了保家卫国，祖国、人民不会忘记你们的！

5月，第五次战役第二阶段开始，我军35师向敌后方穿插，野战医院也随师部沿着昭阳江公路向前移动。过了昭阳江，传来了枪炮声、爆炸声，这是35师攻打加里山美2师的战斗开始了。看见敌工科的同志押着一大群高鼻子的俘虏兵从前线过来了，大家非常高兴，从伤员口中得知我军已占领加里山，堵住了部分逃敌的退路。大约5月24日傍晚，突然接到命令，各部立即向北转移，要快！医院领导马上下令，派几个人带轻伤员先过江，重伤员两人扶或抬向北转移，实在抬不走的抬到公路边等汽车来运。因为我们靠两条腿行军作战，带的粮食只能维持十天左右，敌人用飞机、大炮封锁了公路运输线，造成我们供给困难，又用机械化部队从两面反包抄我军，情况十分危急。当我所在医院的同志快走到昭阳大桥时，敌机已飞到大桥上空不断向大桥扔炸弹，江水被冲出水面十几米高空。当我们见敌机向前飞去还没转回来时，快步跑冲过桥去，沿江公路的另一边是高山，走了几里路，山比较低了，但敌人又用大炮封锁山顶山路。我发现每两枚炮弹爆炸有一定的间隔时间，我利用这个时间冲上小山顶跑下山，向北方急走，又走了好几里路，再一边打听我军大部队所在方向。到了傍晚才追上军政治部的同志，一天只吃了几口炒面、喝了点凉水。到了夜晚，伸手不见五指，前面是一座很高的大山，满山生长着又粗又高的树，山上有一条不宽的路，上山时前面传来口令："把白毛巾绑在左臂，不许打电筒，不许高声说话，不许吸烟擦火柴，紧跟前面绑白毛巾的同志不要掉队。"大家都估计情况不一般，一夜摸黑无声在山上，一直向山顶上爬，走到天将拂晓时，命令快速下山，沿公路向北面前进，跳过山沟上了公路，天也大亮。后来遇见友邻部队的同志引路才回到安全地带，终于突破了敌人的封锁线，胜利完成了突围任务。

抗美援朝战斗的日日夜夜是我一生最难忘、最光荣、最有意义的时光，培养了我终生全心全意为人民服务的人生观。

温炳娴

1951 年 5 月温炳娴（二排左三）在 12 军卫生学校上学时留影

1954 年从朝鲜战场回国，到河北学文化。前排左三为温炳娴，
后排左三为妹妹温炳恒

温炳娴

1933 年生，北京人。1950 年 12 月入伍，在第 12
军后勤卫生学校学习，1952 年随中国人民志愿军第 12
军入朝。

温炳恒

1935 年生，北京人。1950 年 12 月同姐姐温炳娴一
起在第 12 军后勤卫生学校学习，1952 年随中国人民志
愿军第 12 军入朝。

1954 年从朝鲜战场回国，到河北学文化。左二为温炳娴，左
三为温炳恒

文兴惠

　　1933 年 5 月生，重庆人。1949 年 12 月入伍，1951 年随中国人民志愿军第 12 军入朝，任第 12 军二分院护士。

1953 年 3 月 4 日文兴惠在朝鲜东海岸附近的花铺里留影

1952 年文兴惠在朝鲜花岚里留影

1953 年 3 月，王良才（右一）、姚必娴（右二）、文兴惠（右三）等合影

1953 年 3 月文兴惠（后排左一）在朝鲜与战友姚必娴、熊必怀合影

1952 年文兴惠（左一）在朝鲜与战友（从右到左）张孜、吴静思、李陆宜、熊必怀、王良才（曾经是归国代表，已故）合影

1953 年文兴惠（右二）与战友在朝鲜东海岸，临回国前的合影

我在朝鲜的日子

当时我还不到十八岁，1951 年成为中国人民志愿军第 12 军二分院护士赴朝鲜战场，参加了金城阻击战、上甘岭战役。我们在朝鲜战场的主要任务是抢救伤病员，白天首先为伤势较轻的伤员打针换药，到防空洞为炕上的重伤员处理伤口（被俘美军也得到同等对待）。然后到小溪边清洗换下来的脓血绷带。晚上将短期内不能治愈的伤员背下山，送到车上往后方转移，将前方运来的伤员又往山上防空洞背。当时我年龄小个头低，将伤员背在肩上拖着走。腿伤的伤员帮我们叠纱布做棉球，手受伤的帮我们为伤员们挑饭。有空时为了鼓舞伤员的斗志，与伤员一起跳集体舞。大家都很愉快，不想家，不怕死，在战地还很乐观。夜里，两个人背着步枪、提着走马灯，从一个山坡到另一个山坡巡逻、观察伤员病情，防止空降特务侵袭，保护伤员安全。巡视完后，两人背靠背站岗，观察四周情况。当时不怕特务和野兽侵袭，也不怕牺牲，一心想着保家卫国做贡献。记得有一天，我和一位战友在防空洞前的小溪清洗绷带，突然敌人的一群战斗机飞来，不断俯冲射击。防空洞门前的战友们叫我们不要动。我蹲在树下，战友害怕，头朝地屁股朝天地钻在草丛里，事后我们都觉得好笑。我们在那儿一动不动，没有暴露目标，不然敌人投下炸弹，很多防空洞的战友都会牺牲，我们当时立了大功，战友们评价很高。敌机经常来扫荡，每次敌机轰炸后，我们都立即下山抢救伤员和朝鲜百姓。重伤员停留的防空洞顶是用木柴搭的，男同志上山砍柴，我们女同志背回驻地。一捆柴上肩后再累也不能放下来休息，因为需两个人才能再放上肩，所以只能在山墙上站着靠一下。国内运来的粮食，从公路背上山坡防空洞，也和背柴一样难上肩。大米两百斤一麻袋，面粉三十斤一袋，最有趣的是大家都好强，女同志扛一袋，男同志就扛两袋；女同志也扛两袋，男同志就扛三袋。女同志也扛三袋，男同志再也没办法增加了，手抓不住粮袋了。干起活来大家都不怕苦、不怕累，都想争先。战争是残酷的，但大家为了祖国，不怕牺牲，精神充实。

由于我的突出表现，荣立三等功一次。

1952年9月上甘岭战役前，吴炯在上甘岭军部战地临时救护所前留影

吴炯

1933年2月生，四川忠县人。1950年参军，在解放军第15军护士训练队学医，毕业后调第15军直属连任卫生员。1951年9月随中国人民志愿军第15军入朝，1952年上甘岭战役后入党。在抗美援朝战争中先后荣立二等功一次、三等功两次。

1954年黄继光母亲邓芳芝妈妈到部队慰问，吴炯（右一）与邓妈妈合影

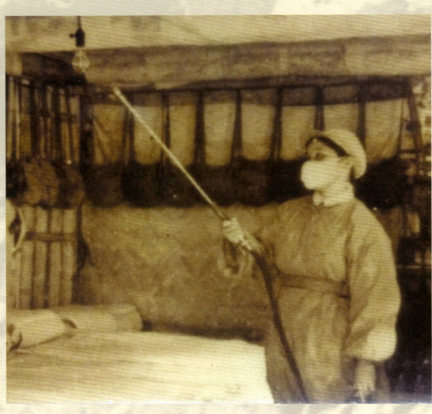

1952年为消灭美军细菌战，吴炯到各班、各坑道消毒灭菌

1954 年吴炯（后排左二）在 925 部队独立二分队出席军首届英模代
表大会时留影

战斗在上甘岭上的女卫生员

袁洪溶

看过电影《上甘岭》的人们，都不会忘记在战场上出生入死抢救伤员的女卫生员王兰，都被她深情的一曲《我的祖国》所感动。而吴炯也是影片中"王兰"的原型之一，她在上甘岭战役中的英勇表现，可谓不是王兰胜似王兰。

她在 15 军监工一连任卫生员，和志愿军英雄黄继光、邱少云在同一支部队。1952 年 10 月在向上甘岭进发的行军途中，不少战士的脚走出了血泡，当时缺少药品，她把自己的头发消毒后，给战友们穿血泡。为减轻伤员的痛苦，她不但自己背着大药箱，还帮助伤员扛背包。一到宿营地，顾不上休息，就带着药箱到各班巡诊。

残酷的上甘岭战役打响了，吴炯冒着战火和敌机的狂轰滥炸，到全连八个驻地送药，抢救伤病员。有一次天降大雪，地上的雪足有一尺厚。她在巡诊时，发现三名同志严重冻伤，失去知觉，她立即把自己的大衣脱下来，盖在他们身上，用雪浴的方法为他们搓擦，再把他们的脚放在她的胸前取暖、按摩，连续抢救到深夜。终于将冻伤的三位战士救醒过来，然而她自己却发起了高烧。

一次，友邻部队战友遭到敌机的轰炸，她很快跑到防空洞去抢救，一位战友身受重伤，已经昏迷过去，大家都认为是牺牲了。就在准备当作烈士遗体安置时，吴炯摸他的脉搏还有一丝微弱的跳动，便立即抢救。她用雪水敷到战友的伤处，再把雪含化，一滴一滴地喂到他嘴里。战友得救了，吴炯却累得昏倒在他的身边。这位叫姚徐达的战士被转到战地医院再送回祖国。战争结束后，姚徐达辗转奔波到处寻找他的救命恩人，直到四十五年后，他们才在天津重逢。两个身穿挂满军功章旧军装的老人见面时激动得说不出话，只是紧紧地拥抱在一起。

曾经立过两次三等功的吴炯，在上甘岭战役中荣立二等功。1953 年，作为 15 军六位英模代表中唯一的女英雄，吴炯参加了中国人民志愿军"五一"节归国观礼代表团，受到毛主席和朱总司令的接见，并在怀仁堂向中央领导作了战绩汇报。1996 年 6 月 24 日，吴炯在上海与电影《上甘岭》中女卫生员王兰的扮演者刘玉茹相见了。两个"王兰"紧紧拥抱，流下了激动的眼泪。

吴昆

　　1935年1月生，重庆万县人。1950年1月入伍，1951年3月随中国人民志愿军第12军入朝，任第12军34师野战军医院护士。

1952年第五次战役后，吴昆（前排右一）在朝鲜龙潭车站

1951年吴昆在朝鲜

吴忠林

　　1935 年 1 月生，浙江宁波人。1950 年 1 月入伍，1952 年 9 月随中国人民志愿军第 23 军入朝，先后担任军后勤部防疫站队员，志愿军 3303 医院护士。

千里行军路上，我没有惧怕和退缩

　　我记忆中最深刻的是入朝后"千里行军"的一些事。当时我只有十七岁，年龄小身体弱，行军要背四五十斤的东西（包括背包、棉大衣、棉被、枪、子弹袋、米袋子等），每天要行走八十里至一百里的路程，脚上起了许多泡。由于过度疲劳，常常一边走路一边打瞌睡。美军有空中优势，经常出动飞机狂轰滥炸，我们不得不白天睡觉，晚上行军，当时部队流行一句话："给自己挖坑"，就是每到宿营地，大家找隐蔽的地方给自己挖个坑，坑底里垫一些树叶杂草，打开被子睡觉，如碰上敌机轰炸，有的战友被炸死，就直接埋在自己挖的坑里……

　　千里行军途中，一眼望去，朝鲜的土地上，满目疮痍，残垣断壁，楼房有墙壁没有房顶，不是烧光就是炸塌。马路也不成马路，坑坑洼洼。看不到人，更无商店市场，处处是敌人疯狂肆虐的痕迹。为了避开敌机和敌特的侦察，保证大部队的安全，我们跋山涉水，在行军途中大路不走走小路，小路不走走山路。朝鲜境内多山多河流，河水不深，但水流湍急，河底都是又光又滑的石头，稍不注意就有滑倒被急流冲走而牺牲的危险！在这严酷的战争环境中，我没有惧怕和退缩，咬牙克服女同志在体力和其他方面的一切困难，紧紧跟着部队向前……

奚敏

1929 年 3 月生，上海人。1950 年 3 月入伍，1951 年随中国人民志愿军第 20 军入朝。

我知道的杨根思

我们教导团文工队在朝鲜的两年时间里，冒着严寒酷暑，翻山越岭，奔赴前线，为战斗在最前线的战士和当地朝鲜群众演出，多次获得领导的表扬和朝鲜老百姓的好评。其中在 1951 年 2 月底，在咸南地区五老里执行的演出任务，给我留下了永恒的记忆。那时 20 军与友军在第二次战役中，将美军陆战第一师打得溃不成军，取得胜利。正当我们欢呼胜利时，突然接到上级命令，要我们文工团分成两批，一批慰劳战友和答谢朝鲜群众准备演出节目，一批随 9 兵团团部民运部打扫战场。掩埋牺牲战友的同志回来向我们讲述了他们执行任务中看到的情景：在杨根思牺牲的山坡上，整个山坡被打得弹痕累累，牺牲的同志血肉模糊，尸体不全，根本无法辨认，战斗英雄杨根思的遗体是从其上衣口袋的符号上才得以确认的。听着他们的讲述，我们这群二十岁左右的小伙子和姑娘们泪流满面。此情此景，更加坚定了我们保家卫国的信心和决心。

从那以后，我们文工队加倍努力深入基层，配合作战需要，用文艺形式鼓舞士气。我们白天参加修路，晚间排练并常到工地、防空洞去演出，常常演得筋疲力尽，从中我得到了很大的锻炼。

夏宪民

　　1935 年 6 月生，重庆人。1949 年 11 月入伍，1950 年 10 月随中国人民志愿军第 42 军入朝。

徐丕珠

　　1927 年 11 月生，四川宣汉人。1949 年 12 月入伍（当时正在读大学三年级）。1951 年 12 月随中国人民志愿军第 12 军入朝。

熊文芳

　　1930 年 12 月生，四川铜梁（今重庆）人。1949 年 11 月入伍，1952 年随中国人民志愿军第 12 军 35 师入朝。

1951 年，熊文芳（右一站立者）与战友在宜昌合影

1951 年，熊文芳（左）与战友在朝鲜合影

抗美援朝，令我难忘的往事

时光荏苒，岁月匆匆，半个多世纪前的往事又浮现在我的眼前。1949 年 2 月，我还是重庆女中的高中学生，受地下党影响，我参加了地下党工作。在上女中期间我就阅读了大量进步书籍，如《政治经济学》《大众哲学》《联共布党史》及大量苏联文学作品，充满了革命的理想和激情。1949 年 11 月底，12 军 35 师解放璧山当天，我在重庆璧山县大路场参军，在师卫生处当护理员，后来我才知道我是我们老家铜梁（现重庆铜梁）女兵入伍第一人。经过部队一段时间的锻炼，也在战友们的帮助下，我逐步适应了部队的生活。1950 年抗美援朝开始了，我所在的部队也开始动员学习，准备赴朝作战。1951 年年初，我们从江津到重庆，再坐小船到武汉，转火车、货运车到河北深县王家井集结，3 月 14 日左右坐火车赴朝鲜。

部队快到鸭绿江边，决定要把团以下的女同志都集中在师里。1951 年二三月间，我又调回卫生处医疗队当护士。部队到宽甸就开始过鸭绿江，我们是从浮桥上过江的，每人背上干粮背包，我们卫生队的还要背上夹板和急救包等。一过江就到了朝鲜，美国的飞机知道我们空军刚组建，他们肆无忌惮地在大白天到处

1951 年，熊文芳、张镰斧夫妇

狂轰滥炸。因此我们都是夜行军，每天夜里公路两旁是行军队伍，中间是汽车、炮车、辎重车、马拉车等，十分热闹，每晚都要走八十里地左右，白天则挖防空洞宿营吃饭。记得在伊川宿营时，我们医疗队有两个男同志不听指挥，不挖防空洞，跑去老乡的空房子里休息，结果中午不幸被敌人的飞机炸死了。我们第一次看到战友的遗体，心里十分难受，饭也吃不下，同时也没有带饭，待行军约六七十里时，肚子饿了，全身无力走不动了。后来一个同志，给了我几粒黄豆吃，我就觉得好多了。没有想到几粒黄豆还这样管用。

部队经过二十天艰苦行军，尤其是我们女同志更经受了严格考验，到达一个名叫墙村里的山沟里宿营。第五次战役开始后，女同志均留在第二线医院等处，我们仍在卫生处看守器材。墙村里十分荒凉，当时那个环境常常令我想到古代的一些诗句："小桥流水人家，古道西风瘦马，夕阳西下，断肠人在天涯。"在墙村里时，一天，我到野战医院去，发现一位女战士一个人孤零零地躺在一个屋子的地上。原来她病了，得了黑热病一类的传染病，大家都不敢接近她，我很同情她，看了她以后，我给她留下一些我的朝鲜币，以防急用。她是我在江津时比较要好的战友，那时，她是文化教员。她是大学毕业入伍的，那时我们每月只有几毛钱津贴，我们年轻，又好吃当地的红薯饼，有次她家寄来几十元，我们都特别高兴，可以吃好多次啊！

1951年5月，第五次战役下来，部队回到谷山休整。当时我调至司令部管理科任见习助理军医，我和我丈夫张镰斧都在一个山沟里，镰斧的小木屋就在山林中，其他师领导的屋子也在附近。镰斧总是很忙，很晚才回来。在师管理科后一段时间，我就怀孕了，组织决定让我回河北邢台三兵团留守处生孩子并工作。这样，就结束了我人生中难以忘怀的抗美援朝。

1951年，熊文芳、张镰斧夫妇在朝鲜

徐琲琴

1932年生,浙江宁波人。1950年4月7日参加9兵团第20军教导团,1951年2月随部队入朝。

我曾是一名志愿军女兵

1949年5月,家乡解放了,我热泪盈眶,心中升腾起对解放军的无比崇敬。1950年4月7日,我参加了20军教导团,成了一名光荣的女战士。1951年2月的朝鲜仍然是刺骨的寒冷,在跨过鸭绿江时,我们敲开江上的冰,在冰冷的水里还洗了一条被子呢。我深深知道,考验我们的时刻到了……

我在20军59师政治部当见习文教,当时文教的工作主要是在部队中开展政治宣传活动,教唱革命歌曲是主要的手段,而我不会唱歌。在学校学习时,音乐考试,别人考唱歌,我考"哆来咪",但这是革命的需要,别人能行我也一定行。于是我学简谱、学打拍子,我唱起歌、跳起舞,活跃在文教岗位上。

第五次战役开始时,先是连续十三天大行军,部队的领导最担心的是女兵同志是否吃得消,会不会掉队。我不但没有掉队,行军中我还做宣传鼓励工作。面对高山冰河,面对敌人的层层封锁线,我们的队伍始终朝气蓬勃。战斗结束,我被评为四等功,功虽小,但说明资产阶级家庭出身的我,经受了战火的考验,得到了部队的认可,大家都喜欢我,都亲切地叫我"小文教"。战斗中,我被分配到卫生队的前方包扎所,距火线仅只两三里,通红的炮弹密集地从头顶飞过。一次,领导让我去刚刚战斗过的地方寻找防空洞安顿伤员,我只身一人,要了一颗手榴弹就出发了。我暗下决心,不成功便成仁,必要时就与敌人同归于尽。入朝前,我们并没有来得及进行基本的军事训练,其实那时候我连扔手榴弹要先拉出引线都不知道,当时真要遇到敌人,要同归于尽又谈何容易?那次战斗后,我又得到了一张"光荣证"。

谢上珍

　　1929 年生，浙江余姚人。1950 年 4 月参加 9 兵团第 20 军知识青年训练班，1951 年 3 月随部队入朝，在朝鲜立三等功，并荣获朝鲜民主主义人民共和国颁发的军功章一枚，在部队每年均被评为三等功。

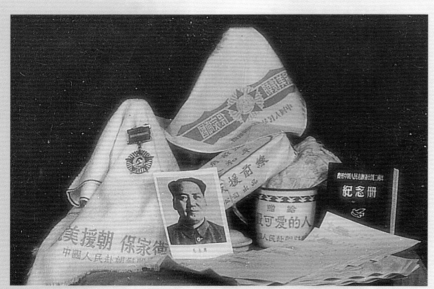

全国人民送给志愿军的慰问品

与朝鲜老乡共庆胜利

我在朝鲜的日子里

1951 年 3 月，我满怀豪情，背负着二十来斤的装备，嚼着压缩饼干奔赴朝鲜战场。我分配在 20 军教导团任文化教员，协助指导员做思想政治工作。我的工作重点放在警卫班，与他们打成一片，开展谈心活动，及时解决问题，利用点滴时间教他们识字，在团部办了流动小报，交流情况，表扬好人好事，鼓舞斗志，并冒着敌机滥炸，积极参加背粮工作，把一袋袋米搬回军营。一次在搬粮路上被敌机发现，战士们用机枪扫射，我伏在小沟旁，天真地想，人没有手不能做事，想把手保护在身下，不料掉入了山沟。还有一次送粮的汽车被炸，我们断了粮，就上山找野菜，和着朝鲜人民军给的黄豆磨着吃，结果很多人都拉肚子，我也未能幸免。

我们驻地常有敌机骚扰，一次有许多敌机在驻地上空盘旋，指导员急忙把我们推入防空洞。瞬间，炸弹、机枪狂轰，我们的住房被炸毁，隔壁的朝鲜大妈被炸死。当时部队不停地转移阵地，我们常常要夜行军，有时一个晚上要走百里左右，实在疲劳时，常边走边打瞌睡，前面队伍停下来时，又突然惊醒，这是常人难以理解的。

我所在的单位是参战部队，只有我一个是女的，更有许多特殊的困难。每当到达宿营地都与男同志睡在同一个炕上，我都是靠着墙，挨着的是小号兵。碰到行军下雨浑身湿透时，只能在棉被遮掩下才能脱掉湿透的内衣。如果驻地要住下来，就把我安排与朝鲜大妈同炕而睡，晚间只要一开灯一排排的虱子就往墙上爬，令人毛骨悚然，难以入睡。结果我满身、满头都是老白虱，实在难受时，用柏油桶烧点水擦身，洗了头一吹到风，头发全结冰。特别难忍的是来例假，只好拉块棉被里的棉花来解决，结果棉被几乎成为夹被。

第五次战役后，前方损伤较大，从我团抽了不少人去补充，我处的文书、通讯员均上了前线，我一个人兼了三职。行军一到宿营地，必须先写好宿营报告，然后独自穿过漆黑的崇山峻岭，把报告送到司令部，这对我一个女兵来说实在是非常困难的。有一次走错了方向，转来转去找不到目的地，内心充满了恐惧，怕完不成任务，怕找不回宿营地，真是焦急万分。无奈停下脚步，冷静思考，想到司令部一般不会离我们驻地太远，怀疑自己走错了方向，就转身往回走，翻了几个小山坡，绕了很多路，幸运地找到了灯光，顿时如释重负，浑身是劲，快步奔跑，把报告送到了司令部。

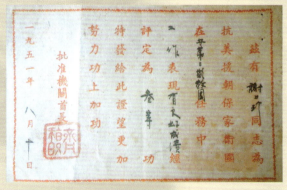
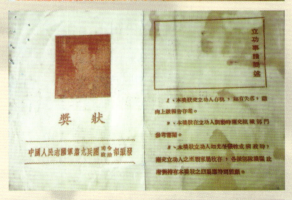

徐功煊在朝鲜战场上留影

徐功煊

　　1931 年生，重庆人。1949 年 12 月入伍，1951 年随中国人民志愿军第 12 军入朝。

徐功煊与战友朱继忠合影

徐功煊（左）与朝鲜老乡合影

徐功煊（左一）与战友和朝鲜老乡合影

徐佩璜

　　1934 年 10 月生，上海人。1949 年入伍。1950 年 11 月随中国人民志愿军第 20 军入朝，参加了第二次战役中的长津湖战斗及第五次战役，1952 年到第 23 军师文工队工作。

1951 年徐佩璜在朝鲜留影

1952 年在朝鲜与 69 师文工队战友们一起表演《我们新疆好地方》

1953 年徐佩璜（前排左一）与文工队的战士们一起合影

1952 年夏天徐佩璜和一群活泼天真的朝鲜孩子玩耍

徐一新

　　1932年生，浙江宁波人。1950年4月入伍，在中国人民解放军第20军知识青年训练班学习，1951年3月随中国人民志愿军第20军入朝，先后担任第20军军直特务团文工队队员、团部文化教员、文书等。

志愿军给朝鲜驻地老百姓打防疫针

徐一新（右）与马丁政委（中）等在朝鲜元山里合影

1952 年徐一新在朝鲜元山里

我经历了战争的洗礼

1950 年 4 月，十八岁的我从师范学校毕业从事教师职业不久，表姐胡华敏告诉我，要解放台湾了，正招兵呢……出于"解放台湾，当个光荣的接收大员"这个动因，我一不做二不休，专程从浙江宁波赶到江苏昆山报名参了军。

在中国人民解放军第 20 军的知识青年训练班，经过出操习武，学习马列主义理论和知识分子思想改造，逐渐适应了部队生活。当时，我还在想，什么时候解放台湾……

深秋时节，部队突然奉命北上，经过山东时，天气开始变冷。记得换装时，军列一到，我们蜂拥抢棉裤，也不分大小号，穿上再说。之后就是领棉衣，稀里糊涂就装备上了，瘦小的身材配上宽大的棉服，活脱脱的"东北佬"装扮，现在想起来都十分搞笑。

一直到辽宁省边境丹东时，我们才得知，我们不是去解放台湾，而是参加抗美援朝战争。我们这些南方来的女兵，虽已全副冬装，仍无法适应东北的天气，感觉冻得不行。出操回营时，个个帽子眉毛上结下一片白霜，鼻子都冻僵了，手一接触铁门把，就像脱了皮似的，火辣辣的疼，可把我们吓坏了，生怕东北人说冻掉耳朵、鼻子的事在我们身上应验。

1951年3月，部队要入朝参战了，我突发重病大叶肺炎，高烧不退，听说部队要将我"扔在"丹东。我生气了，也许就是凭着"团队精神、不服输"，我硬是带病挤进入朝大部队，走进了战争。

记得行军经过敌人设置的炮火封锁线时，我第一次近距离听到了震耳欲聋的炮弹声。文工队的老兵们都经过战斗，能听懂炮声，炮弹一出膛，他们马上就地卧倒。当时，我傻乎乎地昂首行进，亏得老班长手疾眼快，一把将我摁倒在地，现在想起来，我这要当"接收大员"的新兵蛋儿，刚接触炮弹，胆吓没了不说，小命也快搭上了。此后，老兵们把这事当作笑话传，"夸"我真"勇敢"……可是，我却高兴不起来，因为，这让我实实在在地体会了一次战场上不分前后方的危险环境。

真实的战争环境里，飞机的猛烈轰炸和密集的弹雨经常就在我们身边，我也逐渐适应了晚上行军、白天躲避休整的野战生活……

我们文工队活跃在行军队伍里，搜集材料、编快板、编小节目，部队行进和临时休息时，我们就当场演出，就是为了鼓舞士气。

我亲身参加了第五次战役，部队进入阵地战役打响后，飞机在低飞、俯冲，机关炮弹雨点般地打来。我目睹了担架抬下来的伤员，浑身是血，面目全非，一个个鲜活的战友，瞬间成为伤残甚至失去生命。在不断地接触生死中，"接收大员"的虚荣感也不知跑到哪里去了。我们女同志分工的任务，就是参加伤员包扎、安置、转运等二线工作。同时，行军是和敌人抢时间，我们冒着零下三四十摄氏度的严寒，踩着积雪爬山，累极了。遇上下坡，我们就把米袋子搭在脖子上，闭上眼睛，背包往地上一放滑下山去，任凭滚到什么地方，尽管身体到处是伤痛也没有感觉了，爬起来继续走。我亲眼见到一个战士在路边斜卧，我们去推醒他赶上队伍，谁知他抱着枪，已经被过度疲劳和严寒夺去了生命。这种场面，令人心如刀绞、泪涌如柱！

在残酷的战争中，我经受了考验和战争的洗礼。如果问我的感受，只有一句话：千千万万的人走了，我还活着，我是幸运的。

徐元坤（第二排右一）和战友们在一起

徐元坤

1929年7月生，重庆人。1949年12月入伍，1951年1月随中国人民志愿军第50军入朝，在司令部通信营任文化教员。

难忘的记忆

1951年年初，我们驻守丹东的志愿军第50军留守处的女同志听完了军政委徐文烈同志的报告，前线战友们牺牲的惨烈场景震撼了我们。我们坚决要求上前线！我们被批准"雄赳赳，气昂昂，跨过鸭绿江……"我和战友余汝珉同志被分配到第50军司令部3营，3营的同志担负着全军的通信工作，还担负着修建飞机场的任务。我和余汝珉同志是文化教员，空闲时教战士们学文化，实际上我们是和战友们同吃同住同战斗，做的是活跃部队的文娱宣传工作。余汝珉同志比较活跃，擅长唱歌，她教战士们唱歌。记得《歌唱祖国》这支歌就是她一句一句地教战士们唱会的。我参军前是师范学校的毕业生，又当过一年半的小学教员，喜欢教育事业，我就担负起了教战士们学文化的任务，与美帝侵略军争抢时间，抓紧学习文化。记得我们经常在秘密的树林里，在蝉的鸣叫声中，在没有喇叭、扩音器、黑板的条件下，教战士们一点一横、一撇一捺地学习识字、朗诵课文、写作文。战士们以消灭敌人的精神来克服学习中的困难，我见到他们取得一点一滴的成绩就高兴不已。我还办了一张小报，叫《战地黄花》。稿件的来源就是战士们在行军、修飞机场及学习中的好人好事，由我收集、采访、编写，然后排版、复写而成，每期五十份，不定期地送到战士们手中。我成了他们最欢迎的人，他们见到我就拥上来抢我手中的小报，一见到有他们当中同志的事迹就互相鼓掌、拥抱。我见了他们这种高兴劲儿，也兴奋不已，忘记了战争生活的艰难困苦。现在回想起当时的情景，真像消灭了敌人那样的痛快。如果有酒，真该举杯庆贺一番啊！

祖国和人民热爱我们，欢迎我们，称我们为最可爱的人，这是我和我的战友们永远不能忘记的。

1950 年入朝的杨曼真   1951 年杨曼真立功后照片

杨曼真

  1932 年 10 月生，广西上林人。1948 年入伍，1950 年 10 月随中国人民志愿军第 38 军入朝作战，先后任 113 师火线报社通联员、政治部秘书科秘书、干事等职，参加第一、二、三、四、五次战役正面防御，多次受到上级嘉奖，荣立大功一次，并获朝鲜民主主义人民共和国勇敢勋章。

1951 年，第 38 军火线报社全体成员在朝鲜西海岸肃川甘四里

1952 年与文化部陈部长（后排左三）来慰问，其中有第 38 军 113 师刘海清（后排左一）、政治部主任李欣吾（后排右一）、杨曼真（前排左）在朝鲜肃川甘四里

我担任三所里战斗的战场救护

在第二次战役中，113 师在清川歼灭韩国第七师后，未经休整，连续跟随主力在敌方纵深实施强行突击，边打边突十四个小时，突进一百四十五里。先后占领三所里、龙源里，一举切断美军第 8 集团军主力退路，保证了战役的胜利进行。战斗中，由于后勤保障无法跟进，伤员只得就地抢救，我和杨昭彩主动承担前线救护任务。当时没有医护人员，没有药品，在两间破旧的草屋里躺着三十四名轻伤员和三十七名重伤员。杨昭彩当时才十四岁，我十八岁，她看护伤势稍轻点的三十四名伤员，我则负责三十七名危重伤员。我们为伤员们清洗伤口，为了捶洗绷带纱布，我们在黄昏或黎明敌机出动之前，到山下砸开小河的冰块取水洗涤。在夜幕降临后生火烧炕给伤员取暖，同时烧开水消毒绷带、纱布，在灶前把绷带、纱布烤干。给伤员清洗伤口用的是浓盐水，刺激伤口十分疼痛，有的伤员失去理智常会责骂我们，但战友之情掩却了一切不快。三天三夜我废寝忘食悉心护理着伤势危重的战友，终于把他们一个个送上担架、上了汽车转移到祖国接受治疗。

杨兴蓉

1937年9月生，湖南辰溪县人。1951年6月入伍，1952年4月至1953年7月参加抗美援朝，在中国人民志愿军第47军医疗二所任护士。

战火中的青春

志愿军司令员彭德怀说："朝鲜战争的胜利来得十分艰苦，代价十分惨烈，比之当年打败日本，打败蒋介石在军事上更艰苦。因美军装备优势……是我们将士用生命，不畏敌军装备优势，不畏天寒地冻，拼着一口气，以人力拼钢铁，打赢了这一仗。"

朝鲜战争的硝烟已过去半个多世纪了。在静下来的时候，我还是想把自己在朝鲜战场上的经历和见闻写下来，纪念那些平凡的青年战士。他们有着伟大的爱国主义和国际主义精神，为了祖国，为了朝鲜，为了人民的和平幸福，舍去了自己的青春、爱情、骨肉、家庭……抛头颅，洒热血，献出了自己年轻而宝贵的生命。

曾记得有一个青年团员吴作忠的一只眼睛被打瞎了，耳朵被打掉了，浑身是血。为了胜利，他仍然勇猛地跳出工事和敌人扭打起来。他紧紧地抱着敌人，用嘴咬住敌人的耳朵，在炮火中与敌人同归于尽。他战火中的青春正像我们当年经常唱的一首《青年团员之歌》："青年人的热情像烈火一样，燃烧在抗美援朝的最前方，肩负着光荣伟大的使命，为解放朝鲜人民而斗争，青年团员让我们的青春更美丽，青年团员让我们的青春更光辉，勇敢地战斗吧！愉快地前进吧！在抗美援朝战场上。让我们的青春发出灿烂的光芒。"就这样，我们用必胜的信念，大无畏的英雄气概，在"一口炒面一把雪"的艰难困苦中，用青春的热血打败了以美国为首的"联合国军"，赢得了抗美援朝战争的胜利，保卫了祖国，保卫了朝鲜，保卫了和平。

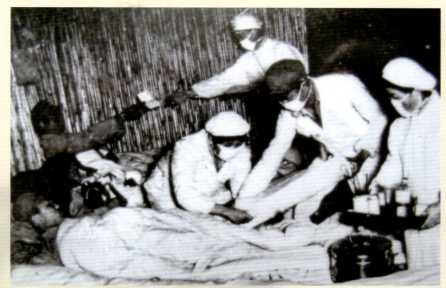

1953 年杨兴蓉在朝鲜西海岸留影　　　1953 年，杨兴蓉的战友顾忠会与战友在给骨折的伤员整缚、包扎

　　曾记得一天夜晚，我和医疗队的同志冒着枪林弹雨赶往前线，把一个身负重伤的战士抬上担架，盖好棉被，艰难地行进在陡峭的山崖上。一不小心，就会从结满冰块的山道上，滑下万丈深渊。所以我和战友不敢跑，硬是跪在结冰的地上，用两膝爬行，连拉带扯地慢慢移动。途中，野马式敌机发现目标俯冲投弹，这时，我想起了首长的话："在敌机紧急轰炸的情况下，要保护好伤员，不能叫伤员第二次受伤。"于是，我便趴在伤员身上用自己的身体掩护伤员。敌人投下的炸弹在身边爆炸，我抖掉身上的泥土，又抬起伤员前进。片刻，敌机又跟着追来，躺在担架上的伤员催促说："同志，不要管我了，你们快躲开吧，我们不能死在一起呀！"在漫漫的黑夜里听到伤员说话的声音，再借助敌机照明弹的光，我才清楚地看见了我抬的是一位志愿军的女战士。她头部负伤缠满了绷带，嘴角被弹片炸去了一半，两根黑发长辫只剩下左边的一条了，右边一条已被炸去，双手负伤缠满了绷带，伤势较重。从眉宇间，可以看出她曾是一位年轻美丽的女文工团员。我对她说："同志，你放心吧！我是一名白衣战士，只要在你身旁，就绝不让你第二次负伤。"转眼敌机俯冲下来，又丢下几颗炸弹。这回我做了牺牲自己的准备，不顾一切地与另一战友同时伏在伤员身上，任凭炸弹雨点般地落下。敌机认为已炸死我们，得意洋洋地飞走了。然而我们安然无恙，只是身上溅满了泥土、碎石。我们拍打几下衣服又抬起伤员前进。

　　在"血与火""生与死"的三年抗美援朝战争中，我度过了那激情燃烧、青春如歌的岁月。

杨志

　　1935年6月生，四川合川人。1950年3月考入中国人民解放军第12军军大随校卫生科，1951年8月随中国人民志愿军第12军入朝，分配到卫生部七分院。

余海华

　　1930年7月生，上海人。1949年9月入伍，1950年11月随中国人民志愿军第20军59师入朝，参加第二次战役和第五次战役。

叶敏在朝鲜

叶敏

　　1935 年 6 月生，上海人。1950 年 3 月入伍，1951 年随中国人民志愿军第 20 军 60 师入朝。

行军途中

兄妹在朝鲜防空洞前相聚

点滴回忆

　　民以食为天，在朝鲜战场也一样，只有吃饱了才能行军打仗。但由于当时交通运输线破坏严重，供应一时跟不上，所以我们的生活很艰苦，基本上就吃土豆、玉米、高粱等，但这也要各单位自己去几十里以外的供应站领取，不分连队机关，不分男女，每人一袋。为了安全，晚上走的是山路小路，说路其实并不是路，是山坡树林，不管下雨下雪，山高路滑，哪怕肩上的重量越来越重，但还要保持间距。在行军过程中一点也不能大意，因为天上有美国的飞机，有照明弹，有防空警报，甚至还能听到轰炸与炮弹声，背后还有李承晚小股残余土匪，随时会出现，甚至还会被抓走。所以不管人怎么累、怎么困，精神却一直很好，心情也愉快，回到目的地完成任务。

艺兵在朝鲜

艺兵

　　原名沈一湘，1940 年出生，江苏滨海人。原中国人民志愿军第 23 军文工团舞蹈演员。由于她的清纯活泼和艺术天赋，不满十岁就被动员参军，成为工程兵部队的文工队员。1951 年随军入朝，在战斗中过了十一岁的生日。工程部队的任务是架桥、开路，特别是拆卸美军炸弹，她都和战士们在一起，为他们表演歌舞，不断进行慰问鼓励，使大家越干越欢，虽苦犹荣。长途行军她走不动了，大个子战士们争相背着她，后来她又调到战斗部队，成为第 23 军文工团的小演员。

尹玲在朝鲜为战士们跳朝鲜舞

1953 年尹玲在入朝三周年全师文体大会上当主持

1954 年尹玲赴西藏慰问部队时留影

1952 年尹玲身穿演出服，为部队演唱歌曲《喀秋莎》

尹玲

　　1936 年 7 月生，重庆人。1949 年 12 月参加中国人民解放军，1951 年年初随中国人民志愿军第 12 军 35 师入朝，参加金城阻击战、上甘岭等战斗。1952 年参加中国人民志愿军归国代表团。

用鲜血和生命完成的任务

上甘岭战斗打响一阵子了。我们 35 师文工队为迎接战斗的胜利，给英雄们庆功，新排了一台文艺节目。但是，由于在第五次战役中，文工队演出的服装、道具、乐器损坏丢失了不少，部队的领导决定拿出一笔钱来为文工队装备一下，好让辛苦战斗在前线马上换防下来的部队能看到一台全新多彩的文艺演出。

像阵地上的战士一样前仆后继

领导决定文工队乐队小提琴手季霜石同志去完成这一采购任务。季霜石同志参军前上大学时就学会了拉小提琴，参军后就在我们乐队担任小提琴伴奏，他的演奏水平相当高。当听说让他回国去完成这一任务时，非常高兴。于是他抓紧时间积极进行准备。朝鲜的天气很冷，又缺水，他的棉衣好久没有洗了，有些部位脏得发光，同志们笑他不讲卫生，像个卖油条的。这次回到祖国首都要见久别的乡亲们，不能因这身脏棉袄，影响了志愿军的形象。

那天一大早，他就拿上肥皂、刷子，到山沟里部队的澡堂去洗澡、洗棉军衣，打算洗干净后再用火烤干，好回国时穿。可是没料到，敌人的大型轰炸机在高空瞄准地面，扔下了罪恶的炸弹，部队新建的澡堂被炸毁，季霜石同志也不幸付出了生命。战友们目睹了他临终时的惨状，大家声泪俱下，悲愤万分，可恶的敌人又欠下我们一笔血债。

过了几天，领导将回国采购任何交给了我和老班长赵富森同志。这完全出乎我的意料，那年我刚十六岁，又缺乏购买东西的经验，自己感到任务很艰巨。但是一想到季霜石同志，为此任务献出了生命，我更不能辜负组织上对我的信任，我要像阵地上的战士一样前仆后继，和老班长一起继续完成霜石同志未完成的工作，克服一切困难，勇敢承担，坚决完成！

行程遇险

我们做好一系列准备工作，和部队别的单位要回祖国办事的同志一起乘上大卡车，踏上了回国的路程。

为防止敌机的空袭，我们都夜行日宿，经过几天几夜赶路，终于顺利到达了中朝边境，同志们兴奋地喊着，看啊！快到祖国了！能看见鸭绿江了！话音刚落，我正想扭过头去望，突然车子轰隆一声，当时我好似做梦一样，失去了知觉，等醒过来，才知道是汽车翻了，只听到有人在喊"文工团的那个女同志在哪儿？尹玲在哪儿？"我睁开眼睛，发现自己头朝下栽倒在地上，车身翻过来斜扣在我身上，幸好车身被汽油桶撑住了，我忙回答我在车子里面，这时，从外面爬进来两个男同志，把我拉了出去。我鼻子流血，同志们一个劲儿地问我，伤到哪儿了？我说我的头给摔破了！见公路上、田坎上躺着的同志，有的伤得很重，有的坐在地上，脸上流着血。我被人扶进了朝鲜老乡的家里，用个大急救包把头紧紧地包扎起来，我站着试了试自己还能走动，没什么大问题。为了抓紧时间赶任务，我没有去医院，过了鸭绿江，我们就与其他同志分手了，直接乘火车奔向北京。

我们都是你们的亲生儿女

购买好所有的东西，我和赵富森同志商量要抓紧时间到季霜石同志家乡去拜望季的父母亲。预先我们就想好了，不能把霜石同志牺牲时的具体情况说出来，否则两位老人会更伤心，尽量讲些安慰的话，让老人家感到儿子的牺牲是光荣的、值得的。当霜石同志的父母知道儿子不幸牺牲的消息，犹如晴天霹雳，悲痛万分，久久地拥抱着我们哭泣，不愿我们离去。我们用千言万语安慰两个老人说：霜石同志，为了抗美援朝，保家卫国，为了完成文工队为战斗英雄们庆功的采购任务，献出了宝贵的生命，这种精神是光荣的、伟大的，二老应为他而骄傲。今天你们失去了一个儿子，以后我们就是你们的亲生儿女，你们就是我们的亲生父母，我们将继续霜石同志未完成的工作，更好地用文艺武器为正义战争服务，以实际行动为牺牲的战友报仇，为霜石同志讨还血债。

三十多年来我与两位老人保持着亲人般的联系，直到二老离开人世。

欢迎祖国人民慰问团来朝鲜，战友们与朝鲜人民载歌载舞迎接亲人　　战友们来到胜利归来的坦克部队，为战士们演出节目，激动不已爬上了坦克车与战士合影

1953 年尹玉华在朝鲜

尹玉华

　　1932 年 9 月生，云南腾冲人。1949 年 12 月入伍，1951 年 3 月起，任中国人民志愿军第 12 军重庆留守处补习学校教员，1953 年 1 月随中国人民志愿军第 12 军入朝。

祖国慰问团慰问最可爱的人的纪念手绢，至今保存完好

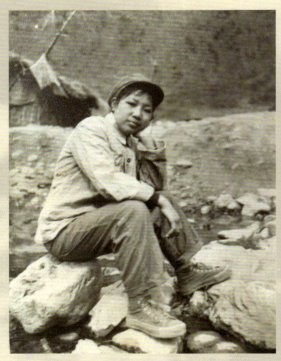

1951 年尹玉华在朝鲜驻地

1951 年尹玉华（右）与战友唐贤琴摄于朝鲜

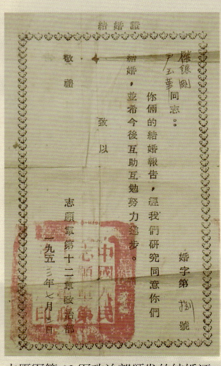

志愿军第 12 军政治部颁发的结婚证

1953 年 5 月，尹玉华和权银刚在朝鲜东海岸合影

战地婚礼

权伟、权彬代笔

1949 年 11 月 30 日，第二野战军解放了重庆。不久，二野所属各部队及军大、文工团纷纷招收女兵。尹玉华适逢从重庆通惠中学高中毕业，于是毅然决然地报考了军大，从此，尹玉华的人生翻开了崭新的一页！

1949 年 12 月，尹玉华正式成为一名军人，开始了她的军旅生涯。她被分在第二野战军军政大学三分校四大队十八中队当学员。学员大多数都是来自城市的学生兵，女兵们大都十六七岁，充满热情和朝气，她们的到来给部队增添了新鲜活力。经过军大半年严格的训练，她们完成了从老百姓到军人的转变。

1950 年 6 月，尹玉华从二野军大毕业，分配到 12 军 34 师任文化教员。12 军是一支英雄的部队。尹玉华为自己能成为这支英雄部队的一员而感到光荣和幸运。

而此时，她尚不知道，命运之神将让她和这支部队里的一个英雄营长结下一生一世的缘分……

1950 年年底，12 军奉命出川开赴华北某地集结，于 1951 年 3 月跨过鸭绿江进入朝鲜，尹玉华和大多数女同志留守在重庆。由于当时留守处的战士和随军家属文化普遍较低，为了提高他们的文化水平，留守处成立了补习学校，尹玉华担任教员。

　　1952年，时任12军34师师长的尤太忠从朝鲜回国，尹玉华曾当过尤师长的文化教员，尤师长将34师102团三营营长权银刚介绍给尹玉华。权银刚，河北人，1938年13岁就参加了八路军，打仗勇敢不怕死，负过几次重伤，百团大战时肠子都被打出来了仍坚持战斗，鼻子也被子弹打穿过，枪林弹雨，九死一生……是个很能打仗的英雄。

　　1953年7月3日，尹玉华和权银刚就这样捧着金达莱花走进了婚姻的殿堂。他们的婚礼在朝鲜东海岸的防空洞里举行，简单而又温馨。在尤师长的见证下，他们喜结良缘。虽然没有漂亮的婚纱和喜庆热闹的场面，但战友们和领导的真诚祝福让他们感到无比幸福和满足。

　　当摄影灯打开的一刹那，权银刚像变魔术似的变出一个苹果放在尹玉华的肩上，意味深长地对她说："我把苹果放在你的身上，保我们平平安安地幸福一生！"

尹玉华和权银刚合影

于惠的战友们，左起：刘戴洁、张凤翘、梅其寿、伍德荣、金熙

于惠

1932 年 10 月生，辽宁大连人。1948 年入伍，1950 年 10 月随中国人民志愿军第 38 军 113 师入朝。

我是插入三所里的女兵

2014 年 9 月，我的大儿子和儿媳自驾车带我去长白山游玩。一天我们来到鸭绿江的源头，在返程的路上，儿媳问我："妈，当年跨过鸭绿江时是什么感受？"一句话把我推到六十多年前的抗美援朝年代，当时的情景在我眼前一一出现。

1949 年全国解放后，第 38 军从广西北上到河南省休整。1950 年 7 月的一天，突然接到命令，部队要北上。8 月初，第 38 军到达辽宁省铁岭地区。这时我们才知道，朝鲜战争威胁到我们东北地区的安全，10 月初美军越过了"三八线"，战火向鸭绿江蔓延。这时毛主席命令 38 军改为中国人民志愿军第 38 军，并第一批入朝作战。入朝前，部队召开了抗美援朝保家卫国誓师大会，大家纷纷表决心，要求入朝参战。113 师司、政、后共选十二名女兵入朝。1950 年 10 月 19 日晚，部队从集安跨过鸭绿江进入朝鲜。第一次战役后，美军轻视志愿军的力量，扬言要到鸭绿江边过圣诞节，占领全朝鲜，继续北上。第 38 军这时用小部队与敌人保持接触，示弱于敌人，诱敌深入后，立即反守为攻，部队从两边迂回包围敌人的那一夜，我们奉命轻装走了一百二十里路。至今回想起在那冰天雪地中，翻山越岭，女兵队伍中首先出现在我心中的，永远是小杨和小陈，当年她们只有十四岁。

一线迂回部队十四小时走了一百四十五里路，还翻过一座妙香山，堵住敌军使向南逃和向北援的"联合国军"被阻止在相隔不足一公里的地方，可望而不可即，113 师顽强地守住了阵地。第二次战役中，志愿军歼敌三万六千多人（其中美军两万四千多人）的重大胜利，打破了美军不可战胜的神话，美军被迫撤到"三八线"以南。第 38 军在这次战役中歼敌一万一千多人，为扭转朝鲜战局做出了贡献。12 月 1 日彭德怀司令员传令嘉奖第 38 军，电报最后讲道"中国人民志愿军万岁！第 38 军万岁！"这是第 38 军部队的莫大光荣，是"万岁军"荣誉称号的由来。

余帼华

1933年8月生，江苏常熟人。1950年3月入伍，1950年11月随中国人民志愿军第20军入朝。

1950年12月30日余帼华在朝鲜原山一角留给父母的纪念照片

硝烟散尽忆往昔

1950年11月，最寒冷的冬天，我们仓促入朝，根本来不及换装，头戴大盖帽，脚穿解放鞋。一过鸭绿江，就在气温低到零下三四十摄氏度的朝鲜的高山丛林中行军打仗，很多指战员被冻伤，有的两只耳朵冻得像蒲扇，有的手指、脚趾冻得发黑而干性坏死，严重的肢体肿胀坏死，连鞋袜都无法脱掉，以致造成终身残疾。面对这些急需治疗的伤员，面对因运输线被敌机控制物资运不到前线而卫生所又没有必要的药物的困境，我们心急如焚，只能含着泪水眼睁睁看着他们再次感染，看着他们备受折磨。

在缺医少药的前线，我还目睹了伤员间的深厚战友情。有次前线送来一位枪弹伤员，需立即手术，但麻药缺少，这位伤员听说后，竟忍痛提出自己不用麻药，把麻药留给比他伤势更重的战友。就这样，我们见他咬紧牙关，头上冒着豆大的汗珠，让医务人员捏紧他的手，在无麻醉的状态下取出深嵌入肉的子弹。

如今硝烟早已散尽，但伤员们坚强的意志和无私奉献的精神仍然历历在目。

1951年，余帼华在朝鲜板幕洞驻地防空洞门前

余中华

1933 年 7 月生，重庆人。1950 年 3 月入伍，1951 年 3 月随中国人民志愿军第 12 军入朝。

我的抗美援朝经历

1950 年朝鲜战争爆发后，我于当年 11 月便离开故乡合川，踏上了抗美援朝的征途。当时每个同志的情绪都十分高涨，一心都想雄赳赳、气昂昂跨过鸭绿江去，帮助朝鲜人民摆脱战争的痛苦。当时由于交通不方便，我们步行三天到达重庆，又从重庆乘木船至汉口，元旦过后乘闷罐车（货车）到河北束鹿县新集镇，住在农村老百姓家里。由于一路表现较好，我便被批准加入了中国新民主主义青年团。春节后再从束鹿到辽宁宽甸的一个大山沟里，此时正值朝鲜战争较为激烈之时，我们便正式接收了伤病员。当时我是护理员，加上我们都是新学员，工作又不熟悉，那时的困难便可想而知了。由于当时战争的需要，部队的男同志（除少数人）全部入朝，女同志留守宽甸。当时住的都是民房，比较分散，晚上值夜班要从这边山翻到那边山，查一次病房要走一两个小时。那时我们都是年轻的女同志，绝大多数都只有十五岁至二十岁，在那样艰难困苦的环境里，从没有人叫苦叫累。为了伤病员早日康复，一切困难都没有难倒我们这批女兵。

我当时的任务不但要坚守自己的工作岗位，也随时抽调出去（到凤凰城）去转运从朝鲜运回的伤员，重伤员送沈阳军区医院，轻一点的转入卫生科医院。由于工作比较积极，部队曾经为我记功并提了干。当时部队领导对我们都非常关心爱护，我们这些女兵们都能健康愉快地工作生活，并圆满完成了上级交给的任务。

袁隆光

　　1936 年生，四川合川人。1950 年 3 月入伍，1951 年 3 月随中国人民志愿军第 12 军入朝。

1952 年在朝鲜战场上与荣立二等功的战友王良才（左），荣立三等功的袁素芬（中）在营地合影

志愿军，我最值得骄傲和光荣

　　1951 年 3 月 24 日，我随队伍跨过鸭绿江，当时我是部队中年纪最小的战士，刚满十四岁。年纪虽小但我时刻告诫自己，要坚强勇敢，不怕吃苦，不畏牺牲，竭尽全力为保家卫国，为世界和平作奉献。当时我所在的二分院（后改医疗二所）作为战地医疗所，要跟随前线部队去打第五次战役，战事紧急，我们背上背包、铁锹、水壶、干粮袋（每人一周的炒面）、小碗、鞋等必需

朝鲜战场野战医院的外科室防空洞中，伤员在排队包扎伤口

品，负重行军。我年纪小，身体又很瘦弱，行军中显得很吃力，但我不甘落后，咬牙强忍行军给我带来的极度疲劳，紧紧跟随部队昼宿夜出，风餐露宿。经过二十多天的急行军，我所在的志愿军12军（代号920部队）后勤野战二分院，如期到达了部队集聚指定地点。由于我在这次行军中表现出色，得到了战友们的夸赞和部队首长的表扬。部队到达指定地点后，立即投入激烈的第五次战役。我积极参加了抢救伤员的工作，不久我又相继调到6分院和5分院，我始终坚守一个信念：党叫干啥就干啥，服从命令和分配，必须努力去做好每项工作。我记忆最深刻的是一次战地救护，给一个司号员伤口换药，伤口已感染，流脓生蛆……发烧剧烈呕吐，我当时中耳炎正厉害也在发烧，耳朵中的浓液流得满脸全是，我忍着病痛，认真地给他捻蛆，冲洗伤口，上消炎药贴敷料包扎……一丝不苟，他很感动！不住地说："小同志！谢谢你！"后来我又被安排做野战医院的伤员登记工作，包括年龄、姓名、性别、籍贯、党或团员、受伤部位等，因造册有序，首长很满意。6月中旬，部队回谷山花岚里休整，不久金城防御阻击战打响，我又投入到紧张的战地救护工作中……

在我一生中，最值得骄傲和光荣的是我曾是一名中国人民志愿军女兵！

1951 年袁素芬在朝鲜

袁素芬

　　1933 年 2 月生，重庆合川人。1950 年 3 月入伍，1951 年 3 月随中国人民志愿军第 12 军入朝。

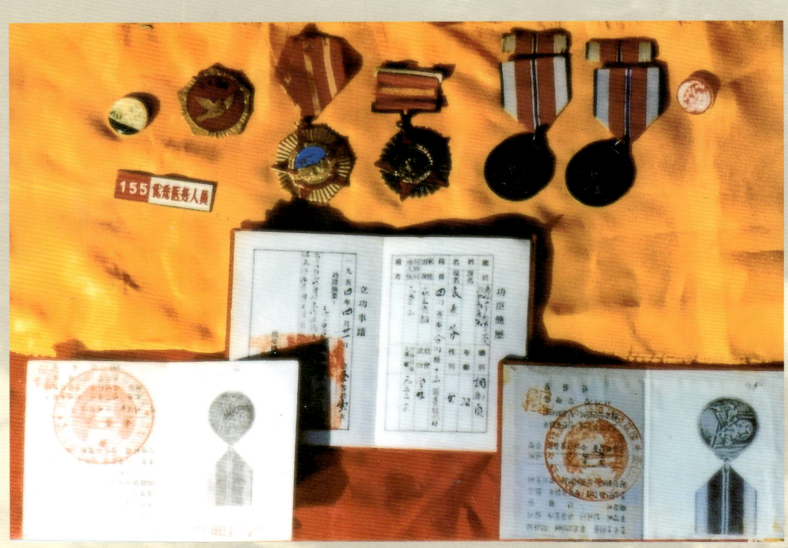

1952 年袁素芬在朝鲜荣获"志愿军胸章"和军功章荣誉

抗美援朝，我是尽职的白衣女兵

1951 年 3 月 24 日，我跨过鸭绿江，成为志愿军 12 军（代号 920 部队）后勤野战二分院（第五次战役后改为医疗二所）的志愿军女兵。第五次战役前，我随部队负重行军开赴前线，平均一宿八十华里，为了防敌机偷袭，我们昼宿夜行。所谓的宿营地很少有房子住，绝大多数都是露宿于山间丛林中，天为被盖地是床，头枕背包、水壶甚或大块石头，睡得也香甜。二十多天步行行军如期到达上级指定的集聚地，立即投入第五次战役（第一阶段是 1951 年 4 月 22 日打响）。我和医疗所的战友也立即投入到抢救伤员的工作中，大批伤员从前线如潮水般送来，有些伤势很严重，军医们迅速搭建起封闭严密的帐篷手术室，挂起汽灯昼夜不停地做急救处理：止血、清创、固定、取子弹，甚至截肢。不管什么职务，文书、文教、化验员、药剂、护士、管理员、马车班都分配到接伤员，搬运、换药、送饭、帮厨、喂药喂水、洗绷带。我和战友们不分昼夜照护前线送下来的伤员，困极时坐地上打个盹又继续工作数日。惨烈的第五次战役结束后，我们冲过敌人的封锁线回到谷山休整。不几日，金城防御阻击战又开始了，紧接着 1952 年 10 月打响上甘岭战役（我 12 军是于第三阶段参战），这是很壮烈的决定性反攻，直到最终取得全面胜利。此时，我院更名为医疗二所，仍坚持战地阶梯治疗的第二级救死扶伤抢救性处理任务，并将伤员转运后方（阳德），战事不断，救护不停。我和战友们又投入到粉碎敌人细菌战工作中，到山里寻找并烧毁敌机扔下的带细菌和病毒的昆虫以及其他带病毒迷惑人的载体等。在严酷的前线战场环境中，战友们营养严重不良，又极度疲劳，部队暴发了夜盲症，我又义不容辞地参加了抢救性治疗，送药到第一线。随着部队战伤减少、内疾增多，医院立即组建化验室、X 光室、病房、药房，护士班、医生班等各尽其职，虽然是散居山峦东西的简陋科室，但为解决燃眉之急，我和我的战友们在艰苦严酷的环境中，边学习边钻研，不惧困难不怕牺牲，为战地救护做出了应有的贡献。

1952 年冬，在朝鲜与战友一起打腰鼓，前排从右往左依次为袁素芬、姚必娴、熊必怀、张孜、李陆宜，后排从右往左依次为吴静思、黄嘉……最后是邓治清

在朝鲜营房前井台旁，袁素芬（后排左）与战友吴光仪（前排）、张孜（后排右）合影

袁志

　　1936年生，四川自贡人。1951年入伍，1952年随中国人民志愿军第15军入朝，任第15军文工团团员，同年又分配到44师文工队。

1953年袁志在东海岸写五地与朝鲜学生合影

战友巴明显、谢楠生在说快板

1953年从上甘岭转房到东海岸的行军途中，袁志与朝鲜小女孩合影

1953年文工队二分队在防空洞门前合影

曾皖筠

1934 年生，重庆人。1950
年入伍，1951 年 3 月随中国人
民志愿军第 12 军 35 师野战医
院入朝。

难得的历练

我是志愿军第 12 军 35 师的女战士，当年入朝过鸭绿江时，正值寒冬，
背负数十斤的衣被及干粮，行军壶中的水被冻成冰了，渴而不能饮。驻地发
现原驻军在防空洞内遗留成堆的血衣及绷带敷料，我作为护士班长将这些可
利用的物资拿到小河边破冰洗涤，为随后接收众多伤员做准备。

1952 年冬，气温降至零下三十摄氏度。医院接收了不少伤病员，为减轻
他们的病痛，我们上山砍柴，把砖烧热浇上水，然后把砖包上布，置于伤病
员脚下取暖。时至 1953 年春，暴雨使附近小河突涨大水。为给对岸伤员送饮食，
我虽当时正值经期，感冒不适，但仍肩挑食物，蹚过齐腰深冰冷的河水给伤
病员送饭。当时收容的伤员住处较分散，在晚间为了防空不能有任何明火的
情况下，去一些防空洞注射、换药，对危重伤员要频频摸脉，以确认其是否
还活着。此外，有时粮站来粮，需要大家及时抢运到食堂。我曾一次扛起两
袋共一百斤，行走约数里。

在当时艰苦的环境下，还发生了一起令人愤恨的事。一位年轻的女护士
在深夜巡诊伤员回驻地时被一坏人杀害，同时亦有敌特活动的传闻，使人惴
惴不安。尽管如此，大家为了护理好伤病员，还是摸黑到伤病员驻地去，勇
敢地恪尽职守。

忆及六十多年前的岁月，当时虽十分危难，但对我的人生确实是一次难
得的历练。

1951 年 8 月，张波在阻击战前夕的留影   1953 年 8 月停战后张波与最亲密的伴侣张旭合影

1951 年 6 月第五次战役后休整时期，张波在谷山朝鲜老乡家门留影

张波

　　1932 年 4 月生，湖南长沙人。1949 年 5 月入伍，1951 年 3 月随中国人民志愿军第 12 军入朝。

张建贞

　　1926 年 8 月生，河北束鹿人。1945 年入伍，抗美援朝战争爆发后参加中国人民志愿军，随中国人民志愿军第 65 军教导团入朝参战，1953 年驻"三八线"以南的开城地区，执行和谈代表团的医疗保障工作。

1951 年 2 月，张建贞入朝前在丹东留影

1951 年，张建贞（前排右）与战友合影

1951 年 3 月，张建贞（前排左）与战友合影

从鸭绿江到"三八线"

韩念朝代笔

1950年朝鲜战争爆发，10月，美军把战火烧到鸭绿江边。1951年1月，我母亲随部队进驻安东（今丹东市）待命出征。远在河北老家的姥爷姥姥不知如何得知我母亲即将入朝参战的消息，执意冒着严寒去东北看望自己的女儿。姥姥是缠足小脚，行走极不方便，想象不出千里迢迢，她是怎样一路"颠"到冰天雪地的东北。

与张建贞并肩战斗的朝鲜人民军战友

由于军事戒严，安东不断遭美机轰炸，姥爷姥姥便滞留在沈阳并不断捎信给我母亲。部队领导考虑到入朝后战争的残酷性，特批了几天假让我母亲去沈阳探亲。就这样，自参军后她才第一次见到自己的双亲。

几天后，我母亲连夜赶回安东，谁知部队已突然转移。望着被美机炸烂的营区，三九严冬的深夜里，周围连个人家都没有，她自己也不知道怎样熬过了一个寒冷的冬夜。第二天，母亲找到了志愿军留守处，联系并追赶上了部队。

1953年，母亲随所在部队进驻朝鲜"三八线"以南的开城地区，住在一个被称为舍己洞（音）的小村子里，承担中朝和平谈判代表团的医疗保障工作。

从她们驻地的山坡上向东南望去，就能看到在板门店为和谈代表搭建的几排大房子。抗美援朝战争这时已进行了两年多，和谈断断续续，大家早已习以为常。美国坚持"要以海空优势换取军事分界线"，我们坚持"你战场上得不到的东西，谈判桌上也休想得到"，双方僵持不下。母亲回忆说当时她们都准备着和谈不成再大打一仗，随后传来的消息是停战，和谈成功了。

二十多年后的一天，父亲与几位老战友一起喝酒，说起朝鲜战场上的往事：在一次开会途中他的车被敌机击中，敌机掉过头又朝他扫射。父亲见无处躲避，索性掏出手枪与敌机对射。我问母亲他讲这件"傻事儿"是什么意思。母亲说："什么意思？不就是想说他不怕死呗，那时候我们谁怕呀？没有人害怕。"

望着母亲平静而又刚毅的表情，我明白了志愿军为什么能够战胜强大的敌人。

从雄赳赳跨过鸭绿江到气昂昂打过"三八线"，我为我的父母自豪，我为所有的志愿军英雄们自豪。无论时代发生怎样的变化，志愿军英雄们身上的那种纯粹的牺牲精神，永远是一面旗帜，它必将激励我们的子孙后代，为着国家的复兴、民族的解放，前仆后继奋勇前进。

张景贤

    1928 年生，重庆人。1949 年 12 月入伍，1950 年 12 月随中国人民志愿军第 12 军参加抗美援朝，1951 年 3 月至 1953 年在志愿军第 12 军随营学校任文化教育干事。

1953 年的张景贤

张景贤（二排右一）与战友们的朝鲜合影

1952 年 10 月，张丽人在兵团迎接祖国人民赴朝鲜慰问团时留影

张丽人

　　1936 年生，湖南长沙人。1949 年 12 月入伍，1951 年 3 月随中国人民志愿军第 12 军 35 师入朝，在朝期间作为全国第二次青年团代表大会代表，志愿军"全国人民慰问解放军代表团"代表。

1953 年 6 月在全国参加第二届青年团代表会闭幕时，张丽人（左二）向朱总司令献花时的留影

1955年，张丽人（前排中间）在全国人民赴朝鲜慰问团和少数民族代表合影

1953年，张丽人（中）参加全国第二次团代会与空军英雄韩得彩（右）合影

团代会休息时，在花园平地上，张丽人与劳动模范郝建秀等领导合影

1953年2月，张丽人与志愿军特级战斗英雄黄继光的母亲邓芳芝、志愿军战斗英雄易才学等在一起合影

1954年3月23日张丽人在156团与英雄指导员李守红合影

1953年7月5日，张丽人（左一）与北影青年在天坛联欢时合影

在战火锤炼中成长

1951 年 3 月，我们从河北到达了鸭绿江边的宽甸。这里与朝鲜隔江相望，鸭绿江大桥已被敌机炸断，部队和民工们把木船连接起来铺上木板搭成一座浮桥。我们的队伍高举着红旗，高唱着志愿军战歌，在震耳的锣鼓声和人们的欢呼声中，雄赳赳气昂昂地走上了浮桥，没多长时间就踏上了朝鲜的土地。桥头边一些衣着单薄的老人、妇女和儿童挥着手，喊着我们听不懂的口号热情地欢迎我们。这时我心里想得很多，怎么这么快就出国啦！我们和朝鲜真是唇齿相依、一衣带水呀，回头望望江那边的祖国，一片灯火辉煌的繁荣景象，而朝鲜这边却是断垣残壁，一片荒凉。这种强烈的对比使我心里陡然涌出一种神圣的责任感，绝不能让我们的祖国遭到战火的摧残，绝不能让祖国人民遭受战争的痛苦。带着保家卫国的军人自豪感我们走进暮色苍茫中。过江后天天行军，日落起程一直走到旭日东升时宿营，几天下来疲劳不堪，脚上的水泡已溃烂化脓，两侧腹股沟的淋巴结都红肿发炎了，痛得一瘸一拐，又困又累，那种日子真是有生以来头一次。但我有一个信念就是中国人要有志气，绝不能当逃兵，我一定要实现我的诺言：不怕苦，不怕死。在这十八天的连续长途行军中，除生活极其艰苦外，也遭到敌机轰炸，有了伤亡。我们野战医院有三名饲养员及三匹马被炸死了。还没有正式参战，这三位战友就离开了我们，使大家对美帝国主义的仇恨更加深了。

急行军结束后，部队奉命参加第五次战役，我们部队奉命执行穿插任务，直插敌人后方，在敌军内部穿行速度必须要快。正当我们忍饥挨饿跟随部队前进时，传来命令，情况突变，让我们收容队带着伤病员迅速往北转移，一定要冲出敌人的包围圈。大家顿时紧张起来，在回撤的路上因为没有绷带、急救包，我们把被子撕成绷带，把大衣、棉衣里的棉花掏出来给伤员垫夹板，大家穿起了夹衣。四五月份朝鲜天气还很冷，加上没有吃的，真是饥寒交迫，腿也走瘸了，只好拿树枝当拐杖行走，沿途捡敌军遗留下的罐头充饥，用睡袋来取暖，全队同志团结一致。我们是志愿军，是抗美援朝保家卫国来的，任务既光荣又艰巨，一定要为祖国争光，一定要圆满完成任务，绝不能当俘虏。那时也不知何月何日，也不知明日是死是活，大家只是一心往回赶路，希望早点脱离危险。经过一天一夜急行军，我们终于冲出敌人的包围圈，胜利回到安全地带。这时大家的心情豁然开朗，心里的石头落了地，一边行军一边唱起歌来。

我们回到了部队驻地后，部队已转入金城一带打"阻击战"，我们野战医院驻扎在离前沿部队阵地仅二三十里的大山沟里，靠近沟口不远，便于接送伤员。山沟深处驻扎有"喀秋莎"部队，因此经常有敌机轰炸。由于经过第五次战役的长途跋涉和激烈战斗，伤病员很多，有行军中肢体被冻伤而致坏死的，有因吃不洁食物而致肠炎、痢疾、伤寒等病疾的，还有因卫生条件差而染上回归热、猩红热以及敌人发动细菌战导致的鼠疫等传染病的，更多的是战伤所致的四肢、头、胸、腹部受伤的重伤员。他们都不能行动，又无法及时转往后方，因此他们的吃、住、医疗、护理、手术换药等，都要由我们这个师野战医院解决。因为战争，老百姓都逃走了，只留下断壁残垣的破草房，我们将人员分成两部分：一部分同志上山砍柴、挖石、割草，修建防空洞，砌炕；另一部分则负责伤病员的医疗、护理工作，这大部分由我们女同志去完成。开始我们只好将伤员安置在老乡的屋檐下，因为太分散，几十名伤病员被安排在山上山下十几处地方，每天为他们送水、送饭、打针、服药、端大小便，还要为他们缝补及洗衣服、洗绷带、烧水、烧砖取暖等，工作非常忙碌。有次我发烧39度多，头昏眼花，早晨去河里洗绷带，当我弄开冰块时眼前发黑差点掉进冰窟窿里，幸好抱住了一块大石头，才避免了一场灾难。等我洗完绷带，双手已冻得像烤地瓜般，浑身一点劲也没有了，好不容易回到防空洞换了衣服就去上班了，因为人员少也无人顶替，只能自己坚持下去。

伤员们大都不安心休养，认为自己没多杀敌人就负伤了对不起祖国人民，所以心情烦躁思想包袱重。我作为一名青年团员有责任去做好他们的思想工作，争取让他们能配合治疗。我们都在异国他乡，情同手足，所以我下决心一定要好好地照顾他们，让他们早日重返前线多杀敌人，了却他们的心愿，增加部队的战斗力以报答祖国人民对我们的期望。从那以后每逢节假日，团支部就组织我们慰问伤病员。我积极参加，为他们唱歌、跳舞、说快板、讲笑话，虽然没有化妆和舞台，可在那简陋的防空洞里，在飞机、大炮的轰鸣声中，伤病员们看得兴高采烈，听得满堂喝彩，心情也逐渐好了很多，我们也感到很欣慰。

1953 年 7 月 8 日，全国第二次团代表大会志愿军代表、解放军代表、北影青年代表合影

1953年，张连喜（左）与战友麦连花在朝鲜合影

张连喜

1934年生，广东电白人。1950年1月入伍，在中南二院医院任护士，1950年10月随部队入朝。

1953年，张连喜（右一）与战友在朝鲜合影

由于朝鲜小朋友（左）的家人都被美国的飞机炸死了，1952年，张连喜（中）与战友麦连花（右）与她留影，1957年回国后把她交给了朝鲜政府

张连喜（中）与刘玉纯（左）、李志明（右）在朝鲜合影

张连喜（前排左二）与吴秀云等战友在朝鲜合影

1953 年，张连喜（前排左一）所在志愿军 13 院 2 队护士班集体三等功留影

这样为重伤员排尿，那时候是常事

伟大的抗美援朝战争爆发后，我有幸成为一名光荣的志愿军女战士，跟随部队跨过鸭绿江奔赴朝鲜前线。我当时是志愿军部队的一名女卫生兵，担负抢救和护理转运伤员的工作，在执行任务中总是走在前，不怕苦不怕累，也有随时负伤甚至牺牲的危险。我在护理工作中一贯认真负责，特别是在护理重伤病员时，从来不怕脏、不怕苦，细心耐心照顾并全心全意为伤病员服务。重伤员不能自己排尿，用导尿管也不能导出，为减轻重伤员痛苦，我怀着对战友的深厚的革命感情，用嘴吸导尿管帮助重伤员战友排尿，保证了重伤员的安全。在旁边的其他伤员问我："你就不怕脏吗？"我回答说："你们在前线战斗死都不怕，我们是白衣战士，是救伤员的，怕脏就不可以当白衣战士！"伤病员听后都很感动，纷纷称赞我们。这样为重伤员排尿，那时候是常事。这样做过的女护士，不只我一个人。

在反细菌战中，我和战友们依照上级命令，对敌机投下的细菌弹进行有效防消，参加捕鼠，并扑杀各种带菌和带病毒昆虫。在反细菌战中，由于本人成绩突出受到了首长和战友的表扬。在以后的行军和工作之余，我抓紧点滴时间学习文化知识，不断提高自己的护理技能，由于工作出色，学习成绩优良，1953 年 1 月 9 日我所在的中国人民志愿军第 2 分部第 17 大站医院给我记三等功一次。在以后的抢救护理伤员中，我更加耐心细致尽心尽职工作，对伤员倾注了全部的革命感情，任何工作都起带头骨干作用，在转运伤员时，遇敌机轰炸，我扑在伤员身上，用自己的身体为伤员作庇护，保证了伤员的安全。1955 年 1 月，志愿军第 2 分部第 9 大站 252 医院又给我记三等功一次，1956 年志愿军第 2 分部第 9 大站 252 医院，又因我工作出色给予我嘉奖一次。

1953 年 8 月，张明明摄于朝鲜

张明明

    1935 年 12 月生，浙江杭州人。1950 年 3 月参加中国人民解放军第 23 军直属炮兵团文工组，12 月分配至军文工团。1952 年 6 月调 69 师 206 团直属队任见习文教，同年 9 月随部队入朝。

1951 年 3 月 17 日，在上海嘉定的 23 军张军长家门口与战友合影，左起：吕文瑛、王崇敏、周亦文、张明明

1953 年 7 月 27 日，停战后在与朝鲜村民联欢庆祝会上，张蕙（左）、杨林（中）、张明明（右）合影

1953 年，与最亲密的战友宋稚英（前排左）、战友刘能勤（前排右）在志愿军 23 军 69 师 206 团驻地合影

记在朝鲜的亲身经历

团长尤明带我们上"石砚洞北山"

1953年7月的"石砚洞北山"战斗是我们23军在抗美援朝战争中取得胜利的一场重大战斗。它虽不能与上甘岭战役相比，却也有它一段特殊的故事。原来山顶上盘踞着美军，要夺取这块高地，战斗人员与武器弹药必须先行。智慧的指挥员利用夜间炮击的掩护，在山腰间打坑道，让出击前的志愿军战士早早隐蔽其中。我们文工团创作组的仇天、刘德根也提前进了这个特别的坑道，与战士们一起准备战斗，并搜集素材进行创作。后来他们先后都牺牲了，没有看到胜利的那一天。

那次战斗结束后就停战了，协议停战生效后，23军文工团团长尤明就带着我们几个小组上了"北山"。山上的树都打光了，地上更是见不到一根小草，软绵绵的沙砾，脚踩上去就像踏在棉絮上，一条条硕大的蛆，不断地从地下钻出来，不远的山坡上还有好几具敌人来不及运走的尸首，暴晒在炙热的阳光下，这是我生平第一次目睹这血腥的战场。

这次战役中，我们小组的张蕙、李庆寓和我，在战地采集到"黄继光"式的战斗英雄许家朋烈士的事迹，并首次发布在当时的《战地报》上。后来23军文工团的《战地黄花》大事记中也专列了这一消息，部队作家洪炉还从北京专为我寄来《战地报》这则消息的复印件。

为牺牲的战友扫墓

1954年，停战后的第一个清明节，73师文工队戴明德队长就带我们去扫墓。在凄冷的旷野上，排列着一堆堆的土坟，戴队长声泪俱下地读着悼词，我们也呜咽不止。突然间我看到一块墓碑上写着"芦玲之墓"，我惊呆了！难道是我的小学同班同学"芦玲儿"吗?! 袁引兰让我看了她们的照片，证实没错。此前她已经在恋爱了，"芦玲儿"是在校的名字，我们同年就读在风景优美的城隍山脚下的一所市立小学——杭州市太庙巷小学。袁引兰也是先前离校的校友，小学毕业后，我们各奔东西，再无音信，没想到在芦玲的墓前与她相见。

据73师文工队介绍，她是由她们的队长领着在山上排练节目时被敌机发现的，敌人投下重磅炸弹后，她是被拦腰炸断牺牲的，队长和其余的队员也未能幸免。一位美术组的同志用画笔再现了血肉横飞的现场……

据袁引兰讲述，她家与芦玲家是世交，芦玲父亲早故，母女俩相依为命。她牺牲的消息传给母亲后，一天她母亲去护城河洗衣服，竟失足掉到河里溺水而亡……

回忆在朝鲜战场的点点滴滴，我不禁心潮起伏，为国、为世界和平而牺牲的战友是悲壮而光荣的！相比牺牲的战友，我们这些尚健在的战友是幸运的，我为千千万万牺牲的战友而悲痛！为自己曾是一名志愿军女战士而光荣！这难忘的经历永驻我心里……

1953 年冬张佩兰于朝鲜

张佩兰

　　1929 年 6 月生，河北人。1945 年 11 月参军（二野六纵队），1951 年 3 月随中国人民志愿军第 12 军 34 师入朝。

抗美援朝，我永远难忘的日子

　　我在朝鲜整整待了三年，参加了著名的第五次战役。战斗打得非常激烈，美国人仗着他们的飞机和大炮，把阵地打成了一片火海，我们的战士就凭着手中的常规步兵武器坚守阵地，面对猛烈的地毯式轰炸，像钉子一样坚守阵地，绝不后退一步。那时候我们的战士们就是凭着一股子信念，用血肉之躯与美国兵进行殊死的搏斗。

　　战斗异常惨烈，部队伤亡也大，我们的野战医院就在距离前沿阵地很近的地方。为了战士们的生命，我们只能尽可能地靠前救护，每时每刻都有伤兵被送下来，野战救护队把受伤的战士从火线上抬下来之后，往地上一搁掉头就走了，前方还有更多的战友们急需救护呢。

　　美国的飞机太多，不管是前方、后方都是没有目标的乱炸，伤兵太多了。战斗没日没夜地打，伤兵随时都可能被送下来，野战医院人手严重不足，医生护士们就不分白天黑夜地工作，几天几夜都不能休息，实在累得不行了就找一个地方临时合一下眼、靠一靠。受伤的战士们由于剧烈的疼痛有大喊大叫的，脾气比较暴躁，不管他们怎么发脾气，我们都耐心去照料他们，用姐妹的亲情去温暖他们。虽然我们离火线很近，炸弹、子弹就在我们耳旁鸣响，可是我们什么也顾不上，只是一门心思低下头去抢救伤员，我们的心里只有一个念头：快一点，再快一点……

1953 年冬张佩兰与朝鲜房东合影

1953 年停战后，张佩兰演出《打渔杀家》，
饰演桂英

朝鲜的冬天非常冷，我们穿着厚重的棉布军装和大头皮靴，端上一大盆一大盆带血的绷带和纱布，用石头拼命地砸开河里的坚冰，在冰冷的河水中洗绷带，两只手冻得又红又肿，几乎都完全麻木了，可我们的战友们还是互相鼓励着。

后来，我们又接受新的任务，往国内的大后方运送伤兵，即护送伤员回国。那时朝鲜的冬天真是冷极了，手一摸铁器就会粘住拔不下来，我们和战士们一样，每个人都在布口袋里装着压缩成块状的炒面，挂在脖子上，重伤员都坐汽车、火车走了，我们护送的是轻伤员，但是许多伤员仍然走不动，我们就扶着他们、背着他们一步一步地向祖国走去，伤员们都非常勇敢，忍着巨大的疼痛，坚强地走着，医生、护士们跑前跑后照顾他们，唯恐有一个人掉队，我们不能把一个战友丢在朝鲜。

伤员们走得很慢，因此白天晚上都得走，美国的飞机天天就在我们的头顶上轰炸，沿着我们行进的山间小道一个挨一个地往下扔炸弹，经常有炸起来的土把我们整个人都埋起来，敌机一走，我们就互相帮助把一个一个的战友从土里刨出来。飞机扔下来的炸弹都很大，一炸就是一个巨大的弹坑，这样，我们也就有了经验，敌人炸哪儿就千万不动，或者干脆跳到刚炸下的浮土坑里去，因为敌人不会在同一位置上扔炸弹，因此第一个弹坑最安全，敌人的飞机一走，我们就赶紧从一人深的弹坑里爬出来清点人员，接着继续走。当我们从鸭绿江的冰面上走回祖国，把伤病员移交给派来接交的部队时，一颗悬着的心才真正放了下来，我知道祖国人民来接同志们了，战友们安全了，看着战友们离开的背影，我们的眼里充满了泪花……

今天，我们早已远离了那些战火硝烟、生死离别的日子，可当我回忆起那些往事时，心情久久不能平静，我怀念激情燃烧的年代，怀念那些在战火中逝去的战友……

张文一

　　1933年12月生，吉林省蛟河人。1947年10月参加东北民主联军一纵（后称38军）二师政治部宣传队任宣传员，1950年后任分队长，1951年4月随部队入朝，在朝鲜荣立三等功。

1952年春末，宣传队部分同志合影，前排站立者为张文一

1952年夏，张文一（前排中）、刘宏莫（前排右）与宣传队部分同志合影

张文一（前右一）与战友救助朝鲜群众

救护伤员三天三夜

时间定格在 1952 年 10 月，那年我十八岁，但对于 1947 年参军的我来说，已经是名老兵，我随着东北民主联军一纵（后称 38 军）二师政治部宣传队，先后参加了四战四平、辽沈、平津战役。此时，为了保家卫国、抗美援朝，我所在的志愿军 38 军在 1950 年 10 月已经跨过鸭绿江，我是第二批入朝，来到朝鲜已经一年半了。我一直在宣传队工作，我们的主要工作是战前宣传鼓动，战后庆功演出，战时护理伤员。部队对我们的要求是"一专三会八能"，我们每个人至少要掌握两三种类型的节目，下部队，三五人一组，每天奔走在不同的坑道为战士们演出，为战友们加油鼓舞士气。

10 月 5 日，有了新任务，宣传队长张仲加带领我们十几名宣传员来到 339 团 3 营突击连 9 连的阵地 646.2 高地，参加他们的战前动员会。团首长讲话后，指导员宣读了军、师首长的信，并把红旗授予尖刀班 2 班，班长沙学翰接旗宣誓。我们宣传队表演了《全家光荣》《王大妈要和平》等几个小节目。之后，我们几个女队员来到 2 班，与战士们一起座谈，这次战斗的任务是夺取 281.2 高地，牵制敌人兵力，缓解上甘岭一带友军的压力。战士们信心十足，纷纷表决心，不惜一切代价，保证完成任务。我们边听战士发言，边为战士缝补破损的衣帽和子弹袋。在这次活动中，我们认识了红旗手沙学翰，沙班长是天津人，出身工人家庭，是个机智、帅气的年轻人。

10 月 6 日下午战斗打响，14 点我炮兵开始射击，17 点 30 分我步兵开始进攻，18 点 37 分，我军到达 281.2 山峰。战斗没有想象的顺利，打得异常激烈，敌人的援军源源不断，双方伤亡很大。

夜幕降临，伤员逐渐增多，我们留守的几个同志成立了临时护理队，我是负责人，队员有两名男兵、一位炊事员、一位卫生员；加上我还有八名女宣传队员，坚白是小提琴手，刘宏英是拉二胡的，吴厚智、张友松是跳舞的，丁永玲、吴征和我是唱歌演戏剧的，春钟皋（满族）是搞舞美的。我们当中最大的二十岁，最小的十六岁，女兵中除了我多次护理过伤员外，其他人都是第一次。我们在 646.2 高地的北坡的几间临时防空洞成立了救护伤员的中转站。当时，我们并不知道要在此坚守三天三夜。

接伤员差不多是从 19 点开始的，七个防空洞组成的病房，被我们称为战地医院，一间病房能安置五六位伤员，伤员一到，我们几个女兵首先弹掉他们身上的泥土，擦去脸上手上的脏物，然后让他们喝热水吃饭，让他们躺到铺上稻草的相对舒服的地铺上，等待去后方的汽车来了，再把他们送走。本想为伤员们唱唱歌、讲讲小故事，安慰一下他们，可是，下来的伤员越来越多，我们这几个临时护理员跑步穿梭在几个病房中，也只能保证伤员喝水吃饭了。而且下来的都是重伤员，我们的战士轻伤不下火线，都是二次、三次负伤才下来，他们多数自己进不了防空洞，只能靠背靠抬。开始，伤员认出我们是女兵，不肯让我们背，我们就把辫子藏在帽子里，天黑又没有照明设备，月光下他们分辨不清。又一批伤员下来了，我高喊："小刘。"小刘答："到。"

我说："背伤员。"只见一个矫健的身影飞奔出去，小刘就是刘宏英，她在我们几个女兵里面，个头高、身体壮，说话声音低，冒充男兵不容易被发现，数她背的伤员最多。

我主要负责组织调动，接送伤员并到各个病房查看伤员伤情和护理情况。当我走到第五号洞时，见一位个头不高、二十岁出头的小战士，正和伤员们有说有笑地谈论着"喀秋莎"大炮的威力。他的双手已没有了，衣袖从胳膊肘以下都是空的，但稚气的脸庞一点都看不到痛苦，特别乐观。护理员给他喂了水和饭，但小便成了大问题，他不好意思，不让女同志帮忙。我们这个护理小队只有两名男同胞，炊事员一个人为一拨接一拨的伤员烧水做饭已经忙不过来了，卫生员为重伤员包扎换药也抽不出手来。我只好反复对这名"喀秋莎炮手"讲，咱们是战友，胜过亲兄妹，你为祖国人民、朝鲜人民献出了双臂，我为亲人做点事有什么不可以呢？别的伤员也劝他，他总算答应让我帮忙了。

10月的朝鲜已经入冬，特别是夜晚，感觉很冷，部队全体人员都穿着夏装，我们女兵把仅有的两套单衣都穿在身上。当我走到三号洞时，只见吴征脱下自己的外裤，给一位脚受伤、光着腿、裤腿残缺不全的战士穿上了。

后半夜，前线还在激烈地战斗着，我们不间断地接送着伤员，我走到七号洞时，听到洞内谈笑不止。我问他们啥事这么高兴。原来，部队在281.2高地上抓了一名俘虏，由两位轻伤员押送他下山，送到营部，首长问他情况他什么也不说，后来有个懂英语的同志问他，才知道他是法国人，用手比画十字，说上帝不让我们打仗，是美国硬要我们打的，他是随着一个加强连临时调上来的。这个小插曲，让大家得到了放松。

一夜就这样过去了，一直没有停歇忙碌着的我们，不觉得累，也没觉得困，更忘了饿。10月7日，白天敌机轰炸得很厉害，伤员只能分散成三五人一组，往下撤。我们紧张的护理工作也缓解了一些。晚上来了两辆大卡车，送来了棉服，还要接走伤员回国治疗。我们护理员紧急把吃过饭的伤员集中起来，帮他们换上棉服，送上车，车要赶夜路回国。我们尽可能多地送走伤员，一是希望他们尽快接受好的治疗；二是我们小小的中转站已经满员，住不下了。当我把"喀秋莎炮手"送上车时，他挥着没有手的袖子与我们告别，我在心里默默地为他祝福。

刚送走了回国的伤员，新下来的伤员又到了。越晚下来的伤员伤情越重。在寒冷的高地上，战士们一天一夜没吃没喝了，完全凭借着信念和顽强的意志与敌人拼杀，见到这些英勇的战友既敬佩又心疼。忽然，我听到刘宏英的喊声："快来人啊，这有重伤员。"我急忙叫上丁永玲、春钟皋朝着声音的方向跑到山口，只见刘宏英把一件上衣盖在了伤员的身上，伤员是338团的一位连长，他们是配合339团打281.2高地的，我们透过单军衣看到他胸前的伤口不停地流血。我们四个人把他抬到一个洞里，让卫生员为他绑上止血包，他不但胸口受伤，腿上也负伤了。我让丁永玲留下，专门护理他、照顾他。

新的一天开始了，已经是10月8日，我们重复着之前的工作。

每间防空洞间隔十米左右，一号洞离山口最近，七号洞最远，我还是不停地到各防空洞转转，有问题及时解决。最重的伤员都在一、二号洞，一阵大吼大叫的声音从二号洞传来，引起了我的注意，我快步跑过去。有的伤员是因为疼痛在叫，有的伤员是气愤大骂美国鬼子，有的伤员抱怨自己没拿下山头怎么可以下火线。有一位副排长伤得很重，头部、肩膀、大腿都有伤，但他不顾伤痛劝其他的战友不要大喊大叫，少给这些护理员小同志添麻烦，他的声音越来越低。吴厚智坐在地上，让副排长上半身躺在她的腿上，她左手抱着他的头，右手拿一个瓷缸子喂他水喝。她见我进来，就对我说："文一，你看他怎么不喝水呀。"我蹲下来，把手指放到副排长的鼻孔前……对小吴说："他永远喝不了水了，呼吸已经停止了。"只听咣当一声，小吴手里的瓷缸子摔在地上，接着"哇"的一声，她痛哭起来。我劝小吴不要哭，让副排长安静地走，可我自己的眼泪也止不住地往下流。小吴才十六岁，第一次经历刚刚还与自己说话的人，就这么死在自己的怀里，惊吓、害怕、痛心一股脑涌上心头，怎能不让人心痛呢！我从小吴怀里把副排长放到地上，小吴边哭边说："副排长很坚强，自己多处负伤再疼也不吭一声，还帮我劝别的伤员，没想到他会……"此时，一名伤员大声地说："我们万岁军的每一个战士都是好样的，英勇杀敌，流血不流泪。"小吴停止哭泣，我拉她走出病房，派她去找负责烈士工作的同志，把副排长安排好。

天黑了，送棉衣的卡车又来了，这次先后四辆。我们忙着卸车，发放棉服，帮助伤员换棉衣，送他们上车，送走一辆，再准备下一辆。我正安排一名战士上车，他抓住我的手，指了指他胸前的子弹袋，我认出他是尖刀班2班的战士，我给他补过子弹袋。他告诉我了一个沉痛的消息，班长沙学翰在281.2高地插红旗的一刹那被炮弹击中牺牲了，那个英俊帅气的红旗手永远地印刻在我的脑海里。

那一夜，我们先后送走了两百多名伤员。新的伤员又来了，我们继续投入紧张的护理工作中。

我们就这样忙着，一心想照顾好伤员，忘了休息，忘了时间。当师首长来看望伤员时，了解到我们几个宣传队的女兵为了护理伤员，已经坚守岗位三天三夜没睡觉了，马上命令我们下去休整。我们这三天三夜紧张、热心、周到的护理工作，得到伤员们的好评，我们临时护理队这个集体受到上级领导的表扬，我个人荣立了三等功。

青春无悔，谨以此文纪念我们的十八岁，纪念把鲜血和生命留在那片热土的英雄们！

开着彩车去迎接祖国人民慰问团，在朝鲜这是最高礼遇了，钟平均（右）、彭孝章（左）

为修掩蔽部上山伐木休息时，钟平均（左）和战友尚奇合影

祖国人民和志愿军心连着心，钟平均和慰问团成员陈书舫（著名川剧演员）

钟平均

1935 年 10 月生，重庆人。1949 年 12 月入伍，1951 年 3 月随中国人民志愿军第 12 军 31 师入朝。因突出表现荣立三等功，授予勋章。

亲爱的战友，我永远怀念你们

1951 年冬的一天深夜，我们文工团为祖国慰问团的代表演出，演出效果很好，又开了舞会，气氛热烈，归来途中，大家有说有笑，兴高采烈。

从师部下山后，要经过一大片开阔地，这是敌人经常炮击的封锁地带。虽然已是深夜，我们仍然拉开距离走成单行。在明亮的月光下，这片开阔地一片银白，周围静悄悄的，要不是前方时而闪现爆炸的火光、传来轰隆的炮声，真让人感觉不到这是在朝鲜战场。我们女兵们走在队伍的前面，进出苏谷山口要经过一条小河，河水很浅，已有薄冰。白天我们可以踩着石头过河，晚上看不清，前面的人怕打湿棉鞋在那里一脚一脚找石头，后面的人仍然往前走，人群都渐渐挤到河边了，正在这时，突然听见"嘁……咣"一声巨响，我习惯性地卧倒在河中的石头上，头上的棉帽和手中的服装包都掉到了河里，

1952 年秋 31 师文工队在上甘岭演出后合影。自左至右：韩耀玲、钟平均、朝鲜人民军联络官、谭宗荣、尚奇

一发炮弹在队伍中爆炸，火光和热浪过后，弹片、碎石、冰水打在我的右腿上。糟了！我的腿可能负伤了，我立即试着伸一伸腿，还能动，于是赶快站起来找我的棉帽和服装包。这时上来两位男同志，"小钟，快走！"话音未落，他们就像提小鸡似的一人抓住我的一只胳膊，飞快地向山沟里跑。回到驻地，各班清点人数，我们女兵班副班长戴儒品和一班的严挺、陈显连没有归队，女兵刘文负重伤，另有七八个人负轻伤。队长、指导员和几位分队长商议后，决定派肖丹（党员）、任洪举、炊事员老黄原路返回寻找，一定要找到他们。他们三人走后不久，山沟里传来他们的喊声："戴儒品！严挺！陈显连！"呼唤战友的声音，听来是那么的急切，充满期望。多么希望能听到三位战友的回答啊！我们坐在队部门口，指导员多次叫大家回去休息，可谁也不动，大家期盼着、等待着，随着时间一分一秒地过去，我感到身上越来越凉，心越跳越急。

终于等到肖丹他们三人回来了，大家一齐拥上去问："找到了吗？他们在哪里？"三人低下头，默默地没有回答，从他们的神情上，大家明白了，我忍不住痛哭失声，引起一片号啕大哭，队长、指导员立即打电话向师政治部报告三位同志牺牲的情况，师首长指示，连夜就地掩埋，清理好现场避免影响，立即由一位队干部负责，派了十几位男同志让肖丹带去做好善后工作。

我们回到自己的掩蔽部，谁也没有躺下，大家坐在那里，默默地流泪，轻轻啜泣。我实在无法接受这样的现实，刚才我们在晚会上和戴儒品战友同唱一首歌，听见严挺的悠扬琴声，怎么现在就远离我们了？我不相信这是真的！这时候一位男战友来给大家讲述刘文负伤的情况，刘文的右腿被炸断了，膝

1952 年 11 月，朝鲜上甘岭战斗十分激烈，31 师文工队派出小分队到前沿慰问演出，钟平均（右）和战友耿玉兰在炮兵阵地为战士演唱《美国兵十大怕》

开饭了！地上摆了一盆菜，大家围着一圈，在朝鲜战场上，这就是很好的伙食了。前排左二为钟平均

盖处也连着一块皮，几位男战友背着她跑进山沟，她却轻轻唱着："我们是祖国的青年，站在祖国的最前线……"周围的战友泪如泉涌……卫生员赶紧将那块皮剪断止血，几位男战友连夜将她送到师后勤医院。大家含着泪说："多么坚强的战友啊！"

天亮了，处理善后工作的战友回来了。我们让肖丹讲情况，他用颤抖的声音说："三位战友的遗体一个一个轻轻地放在四四方方的雨布上，抬进山沟里，选了一块较平坦的山坡作为墓地，大家用十字镐和铁锹默默地挖着，心里沉甸甸的，汗水泪水滴进泥土里，滴进墓穴中……大家总想挖深一点，再挖深点，让战友不要受到寒风吹袭，不要受到雨雪扑打，让他们安静地休息吧！"

听着肖丹战友讲述掩埋牺牲战友的整个过程，我的心口隐隐发痛，他们只有十九岁、二十岁啊！年轻的生命，青春的花季，就这样结束了！为祖国、为人民、为和平和正义而牺牲，他们重于泰山！可是在当时严酷的战场环境中，我们无法厚葬这些英雄，没有棺木，没有石碑，没有鲜花，没有祭奠，连七尺白布也没有啊！古人也有马革裹尸，可我们亲爱的战友却只有一块冰凉冰凉的雨布……多少个志愿军战士！多少个无名英雄！就这样默默地长眠在朝鲜的土地上！我们不应忘记他们！历史不应忘记他们！

回忆战友，回忆自己六十五年前在朝鲜战场所经历过的生与死、血与火的考验，不禁心潮澎湃，泪湿衣襟！怀念战友和自己的经历，我为伟大的中国人民志愿军——最可爱的人而颂歌！为自己曾是一名志愿军女兵而骄傲和光荣！

周克俭

1926 年生，江苏江阴人。1950 年 1 月入伍，1950 年 11 月随中国人民志愿军第 20 军入朝。

周克俭（左）与朝鲜村民合影

我在朝鲜战场的回忆

入朝时最先碰到的是在冰天雪地里的连续夜行军，记得特别深刻的是翻越海拔一千八百米的黄草岭。那天晚上冰封雪飘、寒冷刺骨，黄草岭坡陡路滑、雪厚沟深，稍不留神就会掉入沟壑滑入深渊，加之山上空气稀薄，大家都爬得气喘吁吁，每跨进一步都十分困难。根据这些情况，带队的领导把我们强弱搭配编成小组（三人一组），把多余的背包带连接起来，一个拉一个，前后照顾，互相搀扶，小心翼翼一步一个脚印，走了整整一个晚上才到达山下。

我被分配在 20 军 60 师司令部管理军需物资，我深知这些物资都是祖国人民克勤克俭省下来的，是运输兵冒着生命危险运到前线的，绝不能有一丁点儿浪费。无论是吃的香肠、压缩饼干，或是衣服、帽子等，我珍惜经手的每一件物品，并及时发送到战士们的手里。以后我又到军械科与战友郭秀华一起管理枪支弹药，这是一项直接与战事胜负乃至与战士生命有关的极其重要的工作，这是组织对我们的信任，工作中我们不敢有半点松懈丝毫差错。我们密切配合，认真检查，收送及时，收回损坏的武器或把修好的武器送到基层。有一次我们为送一份急件给司令部，走之前各配了支防身短枪，黑夜里我们翻山越岭，来回走了一百多里路，就是在这样同艰苦共患难的战地生活中，我们建立了深厚的战友情谊。

周守玉

1950 年入伍，1950 年 11 月随中国人民志愿军第 26 军入朝，两次被评为军里的一等功臣，参加了军的英模大会，荣膺"巾帼英雄"称号。

战场上的"巾帼英雄"

1950 年冬，上海掀起抗美援朝报名热潮，上海纺织系统周守玉第一个写血书报名，带动了系统许多女工积极响应，周守玉为首的十八名女工被批准参加。参军入伍是周守玉找了陈毅市长当面批的。周守玉有关节病，部队首长要将她们留在后方做后勤工作，周守玉坚决要求上前线！首长很感动，批准了她们的请求，编入中国人民志愿军第 26 军政治部政工队。

1951 年，一进入朝鲜就经历了残酷的二次战役考验。接着进入冰天雪地的冬天，零下二三十摄氏度。白天美机轰炸，部队只能夜间行动。这对来自南方的十八个年轻姑娘来说，又是一次严峻的考验。十八个女队员中只有周守玉、杜鹃是共产党员。周守玉二十三岁，是老大姐，处处带头，带着政治鼓动组赶到部队前面，登上山岭为部队唱歌，说自己编的快板，鼓得战士们斗志昂扬。

第三次战役打响，军里下令将十八个女政工队员编为救护队，上前线运送弹药、救护伤员。在周守玉带领下，背（抬）伤员……设立救护所，为伤员洗伤口、敷药、包扎，十八个女队员都成了护理员，做得井井有条；重伤员不能起来大小便，周守玉带着护理员们不顾少女的羞涩为重伤员排解。一次，在抢救一个重伤员时，尿道堵塞，危及生命，在缺乏医疗器具的情况下，周守玉毫不犹豫俯身用口将重伤员的尿吸出……

她的救死扶伤精神感动了全军指战员，两次被评为军里的一等功臣，参加了军的英模大会，荣膺"巾帼英雄"称誉。

朱铭玮在朝鲜持枪警戒

朱铭玮

1934 年 12 月生，江苏松江人（现上海）。1950 年 3 月入伍，在中国人民解放军第 9 兵团教导团任学员，1950 年 9—10 月在中国人民解放军第 23 军任文训队学员，1950 年 11 月—1951 年 1 月部队派遣参加土改工作，1951 年 1—8 月，解放军第 23 军 69 师 206 团文化教员，1951 年 8 月—1952 年 9 月，解放军第 23 军 69 师司令部办公室，1952 年 9 月随中国人民志愿军第 23 军入朝，任 69 师司令部保密室文印员。

抗美援朝记忆片断

1952 年 9 月 5 日深夜，我随部队从我国东北的丹东出发，快速跨过中朝边界的鸭绿江大桥，进入朝鲜战场。那年，我十八岁，那是我生命中第一次经历极其残酷的战争的洗礼，更是我直接参与保家卫国战斗的神圣时刻。

千里急行军，二十二天推进一千三百多里

我们赴朝参战时，战争已进行了一年多。以美帝为首的侵略者一度把战火烧到了家门口。安东这时也已经实行灯火管制了，整个城市一片漆黑。原来的鸭绿江大桥已毁于战争，我们踏上的这座通往朝鲜的桥梁是抢修出来的。我们在漆黑的夜里疾行，每人都负重十五斤以上的装备，其中有枪支、手榴弹、铁锹、工作用品及干粮。行进中不准出声、不准出现灯火、烟雾，以免暴露目标、把敌机引来。我当时的主要工作是打字员，随部队司令部行动，主要任务是把每天的战况、敌情、各种命令、情况通报，快速打出文字，还要在钢板上

朱铭玮（前排左）和战友们在"三八线"边合影

刻蜡纸，在黑暗中油印下发。由于灯火管制，我工作时，常常是一手拿蜡烛，一手打字。入朝前，司令部原来配备十多名文职人员，为了精干起见，我被抽调出来随参战部队入朝，单独完成所有的文字打印工作。

急行军是日夜兼程，我的工作也是分秒必争。几乎没有休息的间隙。吃的主要是压缩饼干，那东西太干，在缺水的情况下难以下咽，有时排泄也很困难。那时候，为了抢夺战机，忍饥挨饿是常态。

过了桥，就进入了朝鲜的新义州。印象中，当时的朝鲜已是满目焦土，到处是弹坑和燃烧的建筑，残缺的尸体和血腥的断肢随处可见，空气中弥漫着焦煳难闻的腥味。这一切反而更加激发起我们保家卫国的决心和豪情，因为身后就是我们新生的共和国。一百年多来，中国人民饱受外来帝国主义的欺凌和奴役。在中国共产党的领导下，我们经过二十八年艰苦卓绝的奋斗，终于成立了新中国，怎能容忍侵略者再次把苦难强加到我们头上！虽然行军中不能发出声响，但我相信此时此刻，每一位战士都在心中放声高唱着那首《中国人民志愿军战歌》：雄赳赳、气昂昂、跨过鸭绿江……

急行军的目的地是乾子里，那是在"三八线"附近。期间还要越过两条江：大同江、清川江。过江也是非常危险的行动，一旦走到江面时遭遇敌机空袭，那就十分凶险了。因此上级要求过江要动作迅速，数百米宽的江面十多分钟必须通过。

就这样，我们一路拼命冲刺，一路躲避敌机轰炸，长驱一千三百多里险途，仅仅用了二十二天便赶到了乾子里，顺利完成了与20军的换防任务。其间，没有任何休息。有时队伍行进在陡峭险峻的山路上，脚边就是悬崖峭壁，这时如果有谁极度疲劳，稍稍打个盹，就有可能葬身山涧。这种非战斗减员的事故也时有发生，可见当时的环境恶劣到何种程度。

时刻与死神相伴

战争中，我才真正懂得了什么叫作视死如归。死亡、牺牲在当时可以说是极其寻常的事情。你根本不知道何时何地死神会降临到谁的头上。朝鲜战争在当时已经是非常现代化的战争了，前线和后方是没有太大区别的，即便在后方，也是十分危险的。主要是美军的空中优势给我们造成了巨大的威胁。

在朝鲜的日日夜夜，我们几乎没有一天不遭遇敌机轰炸。事实上，自我部队入朝以来，就天天被敌机追踪。有时敌机的炸点是十分精准的。后来我们明白了，是地面的特务把我们的行踪报告给了敌人。有时敌人的夜航机向我们喊话，他们甚至连我们部队的番号都知道。我们驻地附近的山头上经常可以看到各种信号弹像流星一样划过天空。在这种情况下，我们的处境就愈加危险了。

志愿军在坑道前吃饭，下蹲者为朱铭玮

平时，我们在驻地都构筑了防空洞，除此之外，我们也在各自的工作岗位边上挖好防空掩体，一来是紧急情况下可以应急，二来也是便于在敌机离开后迅速投入工作。

尽管这样，悲剧还是时有发生。有一回，国内慰问团来部队驻地演出，上级安排部队分两批观看。我们被分在第二批，可当我们还没到达演出现场时，敌机就突然冲了过来，紧跟着就是一阵狂轰滥炸。敌机俯冲下来时，机枪子弹就在身边啪啪作响，炮弹在我们头顶上呼啸而过。我甚至都能清晰地看见俯冲下来的敌机上的驾驶员。事后我们得悉，这场空袭中，我们部队有十六名战士牺牲。沿途，我看见不少被炸掉的断肢和残缺不全的尸体，我知道那些都是牺牲的战友。

敌机轰炸后重建岗位时的扛木头场景

那天，我回到工作岗位时，竟然发现那里已被夷为平地了。战友们告诉我：幸亏你晚了一会儿回来，要不然你也成烈士了。当天，我们就换了个地方重新建起工作场所。就这样，敌人炸、我们造，只要我们还活着，就要战斗到底，直至最后的胜利。

我想告诉人们的是：今天的和平确实是来之不易，它真的是用烈士们的鲜血换来的！

战友英魂永在我心间

在我的记忆中，有两位战友虽然永远长眠在异国他乡，但直到今天，他们依然如生前那样真切地活在我心中。

一位是叫吴达的战友，他是侦察参谋。一天，他对我说：天冷了，他身上穿着的还是出国时带来的南方的薄衣，想托我给他织一件毛衣。我欣然应允。可刚过两天，领导突然跑来对我说，吴达的毛衣你得抓紧织好。我问为什么？这才两天，他人呢？领导神态凝重地告诉我：他回不来了，牺牲了。我们要把吴达的遗物一并寄给他的家人，包括这件毛衣。原来吴达两天前在执行侦察任务时被流弹击中牺牲了。一个二十多岁的年轻生命就这样悄悄地离我们而去，连一句遗言都来不及留下。为他的死，我难过了好长时间。

还有一位，我至今也叫不出他的名字，只知道大家都叫他小胖。他当时只有十九岁，比我大一岁。小胖是一位卫生员，当时我因为在给部队运粮时，被马车轧伤了腿，小胖天天负责照料我，每天按时换药、检查伤情，无微不至地护理我。有一次，小胖也是在给部队运粮，可能是因为过于劳累，途中他在运粮车上实在困得不行，不知不觉地就睡着了，结果行进在山路上的车子一颠，瞬间将他甩下了悬崖，就这样，小胖也离我们而去。

伟大的抗美援朝战争已经过去了六十多年，它不仅是人类战争史上的一个奇迹，更是中国人民以弱胜强、靠爱国精神、惊人意志战胜世界强敌的历史见证！

朱铭玮和朝鲜小朋友在一起

朱小珍

　　1936 年 12 月生，湖北人。1950 年 3 月入伍，1951 年 3 月，随中国人民志愿军第 12 军 34 师入朝，参加第五次战役，荣立二等功，荣获朝鲜民主主义共和国军功章一枚。

我是抗美援朝志愿军里的卫生员

为了和同志一起入朝

　　1950 年 3 月 5 日，十三岁的我参加了中国人民解放军。在参加了六个月的卫训队的学习后，分到第 12 军 34 师医院，做护理伤病员工作。

　　1950 年 12 月底，12 军接到参加抗美援朝的命令。我和战友们乘闷罐军列北上，在河北休整参加战地救护技能及夜行军训练。

　　1951 年 3 月 12 日，部队到了辽宁的宽甸便开始轻装，战友们都将棉被变成了夹被子，除了必需品外，其余物品一律打包交军留守部门统一保管。但我却没有轻装，我问班里的同志为什么不让我轻装，他们说要留一床被以备急需用，你暂时留在国内，等到以后随药物车入朝。我说我才不坐车入朝，你们走我也跟着你们走，我保证不会拖后腿。文化教员对我说，你一定要去的话，明天比赛爬山，谁先回到连队谁就可以一起入朝。听到这儿，我心里有了主意。

　　第二天天刚亮，战友们都还没起床，我就背上打好的背包，挎上水壶，悄悄地上路了，从驻地后面爬上山。山上满是厚厚的落叶和冰块，一走一滑，摔倒了爬起来又走，不知跌了多少跤，走了很久，也不知道到底走到了哪里，出发的部队又到了哪里，我距离他们还有多远。心里不由得紧张起来，心想要是找不到部队可怎么办？

　　突然我听到远处有锣鼓声，便顺着声音的方向走去。走着走着发现自己正走在回驻地的路上，只见医院领导和战友们都聚集在那里四处张望，原来

朱小珍（中）与战友合影

锣鼓声是在为我引路。见到我后，他们一个个高兴地跑过来迎接我。但还是没有同意我的请求。

出发的前一天，班长才告诉我可以和同志们一起入朝。

至此，和同志们一起入朝的愿望终于实现，我成为保家卫国的一名志愿军战士。这时别提心里有多高兴，有多自豪！ 1951 年 3 月 21 日下午，我们跨过了鸭绿江，来到了朝鲜战场。

行军中我努力不掉队

行军在朝鲜战场上是一项主要内容。行军路上遇到一位首长，他说小鬼你也能和我在一条路上行军去打仗真不简单，首长的话给了我力量，我决心不掉队，不拖班里后腿。记得第一天行军一口气走了六十里路，脚起了泡，但我牢记自己绝不掉队的决心，不要别人照顾，硬是坚持和大家一起走到了宿营地。到了宿营地，班长首先拿走我的米袋子给大家做饭，显然这是为我轻装，减轻我的负重；班长还小心地用针穿破我脚底的血泡，用马尾引出血水。这样保证我第二天又能够比较轻松地行军。这一切细微之处让我深深感受到同志们的关怀和真诚的同志情谊。

一路上，我们看到处处是炸毁的房屋，城市乡村变成焦土，田地里布满了炸弹坑，远处大山燃烧着熊熊大火……美帝国主义的罪行更加激起了我的斗志，更加坚定了我克服困难的决心。一次夜里急行军，我只顾向前走，不料一匹靠近身边的马突然受惊，踩伤了我的右小腿。疼痛钻心难忍，我跌倒在地上，加上背包的重量一时起不来了，在同志们的帮助下我站了起来，忍着疼痛坚持行军。早上到达宿营地，打开绑腿一看小腿又红又肿，当时缺药只涂了碘酒，到了下午右小腿肿得发亮，无法跟大部队继续前行，班长安排送我到了 34 师收留队。在收留队期间，我不顾自己的伤痛，仍然是一边继续行军，一边为伤病员打针、换药，担负护理伤病员工作。1951 年 5 月，第五次战役结束后，我回到了 34 师医院。

反细菌战中独立执行任务

第五次战役后，医院收治了各种各样的伤病员。我们认真按照医嘱细心护理好每一个伤病员，按时给他们打针、喂药，给重症伤病员洗脸、洗脚、端大小便，希望他们早日痊愈归队。

1952 年 2 月，为应对美帝在朝鲜发动的细菌战，建立了防疫队。4 月，我调到 34 师卫生科防疫队工作。

一天傍晚，队里通知我去看护一个疑似遭细菌战引发传染病的伤病员。伤病员被安置在医院附近山沟的一个防空洞里，我独自一人通过一片开阔地带向着山沟走去，赶到时天色已黑。上一班的两个同志向我交代病人情况后返回医院。大山沟的山洞里只有伤病员和我，山洞周围又黑又静，只有一个手电筒和必要的医疗用品伴随在我身边，让人感到一丝恐惧。但是，此时我顾不得想其他的，只想晚上病人千万别出意外，能平平安安渡过危险。这个伤病员一直在发烧、半昏迷状态，并一阵一阵躁动不安。整夜我坐在伤病员的身边，一会儿听听他的呼吸是否平稳，一会儿数数他的脉搏，一会儿又测测他的体温，还一次次给他喂水，按时给他喂药。喂药时他不张嘴，我只有扳开他的嘴强行喂进去，在他神志不清时我的手指被他咬着；当病人烦躁不安乱爬时，我尽一切力量用矮小的身体挡住洞口，防止身材高大的他爬到洞外发生危险。直到后半夜，病人才渐渐安静下来。就这样，我一夜没有合过一次眼。第二天早上医院派人将伤病员接走，我终于独立圆满完成了任务。

入朝期间，由于工作主动肯干，护理病人耐心仔细，不怕苦，不怕累，意志坚强，完成任务好，部队给我记三等功一次。

1951年秋,祖国慰问团来前线,带来了照相机,给战士们拍照。当时我17岁,经过一年多的战场救护历练,已经从一个瘦弱的小姑娘(1949年秋冬参军时,因为又黄又瘦,部队领导开始不同意我报名当护士)长成健壮的女战士了

朱正美

1934年3月生,江苏松江人(现上海)。1951年3月随中国人民志愿军第12军31师入朝,曾参加第五次战役、金城保卫战、上甘岭战斗,并参加了反细菌战等战斗。

回顾我在朝鲜的两个珍贵瞬间

中朝人民一家亲

1951年秋第五次战役后,师卫生营驻扎在谷山缘木洞朝鲜人民的一处屋子里,这时我在医政股工作。

住房背靠着山,面对着河(离住房大约一公里)。平时河面并不宽,水流平稳;正房是办公室,右厢房住着卫生营领导,我们几个女兵就住在左厢房里。有一天半夜狂风大作、暴雨倾盆,但我们这些小女兵睡得深沉,毫无所知。突然我在睡梦中觉得用木棍搭成的床飘了起来,用手一摸身边全是水,穿的鞋子也飘起来了,周围漆黑一片。我大叫了起来,翻身一看,院子里已经有人点亮了马灯,赶快跳到水里往外跑。这时才看到大家纷纷到了屋檐下台阶上的平台。这时天渐渐亮了，定睛一看屋外汪洋一片，河里的水一直漫过来，淹没了一半房屋。浊水里还好像漂浮着一些鼓鼓的口袋，有的袋子漂到附近，我们拉过来一看才知道里面装的是朝鲜老乡们刚收的粮食，怎么办？必须把这些宝贵的粮食救出来！我们好几个同志不约而同地下到水里，会水的去深水中把粮食先拖到浅水处，不会水的再接着把口袋拖上小山坡，就这样一步步把上百袋粮食转到安全处，保住了丰收的粮食。这时天大亮了，我们虽然都冻得面色发青、全身直抖，但看到保住的粮食，都高声欢笑。尤其后来大水稍退、周围的朝鲜居民跑上来找到粮食、向志愿军同志道谢时，大家更是精神抖擞。中午水退，我们和村民载歌载舞共庆平安，真正体会到了中朝人民一家亲。

和平的灯光

那是我在朝鲜三年多一个最刻骨铭心的时刻，它永远深藏在我的心里。在朝鲜作战期间，因美军具有空中优势，我们部队多半是在天黑后活动，为了防空，夜间驻地的周围也是黑成一片、毫无光亮。而这时也是特务活动猖狂的时间，他们常常暗藏在山间或旷野用手电、灯光给美机打信号，指引美机来轰炸。因此，大家都很警惕，部队有时还在发现灯光后，循光搜索，去抓特务。

1953年夏，当时我和同在野战医院工作的战友庹重同志一起，由单位派到军里去进修学习，我们住在一个半山的防空洞里。学习就快结束的一个晚上，我从洞里出去透气，掀开帘子抬头一看，对面小山边居然有几十个灯光在闪烁，几乎成片！我大吃一惊，心想有这么多的特务！赶快转身回到防空洞里，静观事态变化，一夜平安无事。天亮后出去看到对面的小村庄，那儿热闹非凡，欢声、笑声、乐声，原来是昨天（7月27日）和谈签了字，战争结束了！而那时已经是1953年7月28日的清晨，我们因为单独住在外面没有听到消息，虚惊一场。其实，头天晚上看见的是和平的灯光！这些闪烁的小小灯光永远清晰地印在我的心里，它宣告了战争的结束，并向我们展示了一个崭新的、和平建设时期的开始。

1952年冬天，上甘岭战役后合影，从左到右：张丽人、戴淑惠、廖竹君、张述玉、朱正美，都是前线战地医院护士

1951年秋，朱正美（后排左一）、庹重和高弟在谷山合影，三人均为前线战地医院护士

竺桴

1931年12月生，浙江上虞人。1950年1月入伍，1950年5月随中国人民志愿军第20军入朝。

入朝后，我在前线战斗部队60师180团工作，先后参加了第二次、第五次战役。其间我多次冒死抢救和转送从火线上下来的伤员，有一次我在转送伤员的途中，突遭飞机轰炸，为保护伤员，我不顾自身的安危，用身体扑在伤员的身上，我却被飞弹伤到了头部右侧，当时昏迷过去，但保护了伤员没有二次受伤。我伤情好转后仍坚持在前线工作，因此荣立三等功，被评为优秀共青团员

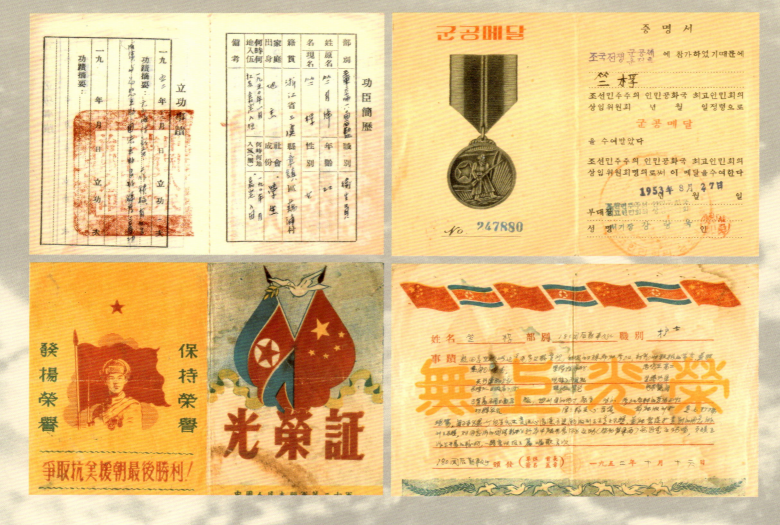

九十六名沪籍志愿军女兵风采

她们是英勇的志愿军战士，虽然没有留下简历和事迹，但是她们的英名都令我永远钦慕。

陈杰
沪籍　中国人民志愿军战士
26军　1950年10月入朝

陈鹏
沪籍　中国人民志愿军战士
中朝联合空军　1952年9月入朝

戴善珍
沪籍　中国人民志愿军战士
23军　1952年9月入朝

黄敏
沪籍　中国人民志愿军战士
23军　1954年6月入朝

江敏
沪籍　中国人民志愿军战士
26军　1950年12月入朝

关燕秋
沪籍　中国人民志愿军战士
26军　1950年11月入朝

陈问真
沪籍　中国人民志愿军战士
中朝联合空军

蔡伟光
沪籍　中国人民志愿军战士
空12师　1952年1月入朝

干徽贞
沪籍　中国人民志愿军战士
23军　1952年9月入朝

程伟达

沪籍　中国人民志愿军战士

26军　1951年4月入朝

顾明华

沪籍　中国人民志愿军战士

23军　1952年9月入朝

江敏

沪籍　中国人民志愿军战士

26军　1950年12月入朝

陈月娥

沪籍　中国人民志愿军战士

26军　1950年11月入朝

储新华

沪籍　中国人民志愿军战士

26军　1950年11月入朝

杜鹃

沪籍　中国人民志愿军战士

26军　1950年11月入朝

将光华

沪籍　中国人民志愿军战士

军医校　1951年7月入朝

姜玉芩

沪籍　中国人民志愿军战士

20军　1950年11月入朝

来晓秋

沪籍　中国人民志愿军战士

20军　1950年9月入朝

金友佩

沪籍　中国人民志愿军战士

26军　1950年10月入朝

蒯月前

沪籍　中国人民志愿军战士

20军　1950年11月入朝

雷慧文

沪籍　中国人民志愿军战士

空12师　1952年3月入朝

李华

沪籍　中国人民志愿军战士

26军　1950年11月入朝

刘素鸿

沪籍　中国人民志愿军战士

23军　1952年9月入朝

刘正言

沪籍　中国人民志愿军战士

63军　1953年3月入朝

骆萱

沪籍　中国人民志愿军战士

26军　1950年10月入朝

毛聪史

沪籍　中国人民志愿军战士

空12师　1952年7月入朝

吕炳华

沪籍　中国人民志愿军战士

26军　1950年11月入朝

乐俊竟
沪籍　中国人民志愿军战士
26军　1950年10月入朝

卢煜
沪籍　中国人民志愿军战士
空12师　1952年3月入朝

李玉芳
沪籍　中国人民志愿军战士
炮兵63师　1952年1月入朝

丁教祖
沪籍　中国人民志愿军战士
铁道兵　1953年1月入朝

陈文静
沪籍　中国人民志愿军战士
20军　1951年3月入朝

宫仲敏
沪籍　中国人民志愿军战士
26军　1950年12月入朝

沈磊
沪籍　中国人民志愿军战士
26军　1950年11月入朝

茅衍
沪籍　中国人民志愿军战士
27军　1950年11月入朝

穆美玲
沪籍　中国人民志愿军战士
26军　1951年5月入朝

钱嘉珍
沪籍　中国人民志愿军战士
27军　1950年11月入朝

秦全
沪籍　中国人民志愿军战士
26军　1950年11月入朝

秦淑兰
沪籍　中国人民志愿军战士
27军　1950年10月入朝

邱慧华
沪籍　中国人民志愿军战士
26军　1951年4月入朝

邱慧华
沪籍　中国人民志愿军战士
26军　1951年4月入朝

瞿惠明
沪籍　中国人民志愿军战士
26军　1950年10月入朝

邵荷月
沪籍　中国人民志愿军战士
26军　1950年11月入朝

宁珍
沪籍　中国人民志愿军战士
20军　1951年3月入朝

沈宜
沪籍　中国人民志愿军战士
26军　1951年10月入朝

任彩凤
沪籍　中国人民志愿军战士
26军　1950年11月入朝

沈其端
沪籍　中国人民志愿军战士
26军　1950年11月入朝

沈斐然
沪籍　中国人民志愿军
23军　1952年9月入朝

施洁
沪籍　中国人民志愿军战士
26军　1951年7月入朝

宋爱琴
沪籍　中国人民志愿军战士
23军　1952年9月入朝

孙黎
沪籍　中国人民志愿军战士
26军　1951年1月入朝

孙雪娥
沪籍　中国人民志愿军战士
26军　1950年11月入朝

肖烨
沪籍　中国人民志愿军战士
26军　1951年5月入朝

汪建平
沪籍　中国人民志愿军战士
27军　1950年10月入朝

王能一

沪籍　中国人民志愿军战士

20军　1950年10月入朝

吴维真

沪籍　中国人民志愿军战士

26军　1950年11月入朝

王述琦

沪籍　中国人民志愿军战士

高炮　1951年1月入朝

王瑜

沪籍　中国人民志愿军战士

26军　1950年11月入朝

王志方

沪籍　中国人民志愿军战士

26军　1950年11月入朝

谢伴

沪籍　中国人民志愿军战士

23军　1952年9月入朝

谢荣静

沪籍　中国人民志愿军战士

军医校　1951年7月入朝

徐漠

沪籍　中国人民志愿军战士

26军　1951年8月入朝

姚冰野

沪籍　中国人民志愿军战士

23军　1952年9月入朝

姚敬良
沪籍　中国人民志愿军战士
26军　1951年5月入朝

杨冠芬
沪籍　中国人民志愿军战士
26军　1950年11月入朝

叶培
沪籍　中国人民志愿军战士
23军　1952年12月入朝

杨于涵
沪籍　中国人民志愿军战士
26军　1950年11月入朝

郁加力
沪籍　中国人民志愿军战士
空12师　1952年3月入朝

杨群
沪籍　中国人民志愿军战士
26军　1950年11月入朝

张德莲
沪籍　中国人民志愿军战士
26军　1950年11月入朝

张静波
沪籍　中国人民志愿军战士
26军　1951年5月入朝

张庆芬
沪籍　中国人民志愿军战士
26军　1951年4月入朝

张然
沪籍　中国人民志愿军战士
26军　1950年11月入朝

张润文
沪籍　中国人民志愿军战士
26军　1950年11月入朝

张婉清
沪籍　中国人民志愿军战士
26军　1950年12月入朝

张翔珍
沪籍　中国人民志愿军战士
26军　1950年10月入朝

张茵
沪籍　中国人民志愿军战士
26军　1950年10月入朝

朱明智
沪籍　中国人民志愿军战士
26军　1950年11月入朝

章念辉
沪籍　中国人民志愿军战士
23军　1956年8月入朝

赵织云
沪籍　中国人民志愿军战士
27军　1950年10月入朝

刘素群
沪籍　中国人民志愿军战士
12军　1952年3月入朝

徐燕华
沪籍　中国人民志愿军战士
23军　1952年10月入朝

徐杰
沪籍　中国人民志愿军战士
23军　1952年8月入朝

徐美微
沪籍　中国人民志愿军战士
26军　1950年11月入朝

张真如
沪籍　中国人民志愿军战士
23军　1952年2月入朝

祝丽卿
沪籍　中国人民志愿军战士

张爱红
沪籍　中国人民志愿军战士
23军　1952年9月入朝

蒋慧芬
沪籍　中国人民志愿军战士
20军　1950年10月入朝

景素英
沪籍　中国人民志愿军战士
26军　1951年7月入朝

正理春
沪籍　中国人民志愿军战士
空12师　1952年3月入朝

郑育娣
沪籍　中国人民志愿军战士
26军　1950年11月入朝

周惠娟
沪籍　中国人民志愿军战士
26军　1950年11月入朝

燕莲英
沪籍　中国人民志愿军战士
12军35师　1951年3月入朝

叶琳
沪籍　中国人民志愿军战士
23军　1952年9月入朝

殷咏雪
沪籍　中国人民志愿军战士
26军　1950年11月入朝

朱军
沪籍　中国人民志愿军战士
26军　1951年6月入朝

她们是英雄的志愿军战士

张培林

《志愿军女兵风采》画册策划人和主编武丽佳女士，要我谈一谈对抗美援朝女兵的印象。作为女兵们的战友，我责无旁贷。但因年深日久，记忆力衰退，又无资料查询，我只能以粗线条勾勒个大概轮廓。

她们是一群天真烂漫的孩子。全国解放不久，她们有的只有十四五岁就争先恐后参军。在剿匪反霸、土改征粮、修建铁路等各条战线，都有她们雀跃的英姿和银铃般的欢笑。不久，在"抗美援朝，保家卫国"的伟大号召下，她们又告别亲人和朋友，毅然跟随部队雄赳赳气昂昂跨过鸭绿江，成为一批志愿军女兵。

她们是勇敢的白衣战士。在残酷的朝鲜战场上，她们为抢救伤病员奋不顾身。第一次把自己的汗水和泪水流洒在重伤员身上和烈士的遗体上。她们吓哭了，但从此消除了心理上的恐惧，不再害怕见到阵亡将士的遗体和伤员的鲜血。在战地临时医院里，她们用稚嫩的肩膀和男同志们一起扛木材、抬石头、搭建防空洞。背粮、挑水、造饭，样样参加。在极端艰苦险恶的异国战场，她们是一群天使和保护神。

她们是优秀的文艺工作者。志愿军战地有一支打不垮拖不烂的文艺鼓动队伍。其中姑娘占半数，她们个个都是多面手，能歌善舞，会编会演。无论进攻防御，她们都经常深入前线，深入防空洞、战壕、猫耳洞、坑道，视指战员为亲兄弟，有的还帮他们洗衣缝补。其间创作了成千上万个短小精悍的文艺节目。通过精彩表演，传达了祖国的声音，宣扬了英模事迹，总结交流了战斗经验，活跃了战地生活，鼓舞了士气，成为我军战斗力不可或缺的因素。

她们是各条战线的工作模范。在志愿军各级领率机关、各系统、各部门，随处可以看到她们的身影：女参谋、女干事、女助理员、女文秘、女文化教员、女接线员、女电报员，财务部门的女会计、女出纳，报社的女编辑、女通联、女记者等。她们以其女性固有的品格：自尊自强，不计名利，智慧、坚韧、细腻和柔情，出色地完成各自的工作任务，不断受到表扬。有的还立功受奖，获得更大的荣誉。

她们是伟大的母亲。战后归国，她们大部分奉命转业，成为地方各条战线的骨干。同时，随着年龄的增长，她们都相继结婚成家。遵循祖国的文化传统，生儿育女，相夫教子，成为幸福的家庭主妇。如今，她们的子女大都已成为祖国的栋梁之材。其中不乏学者、专家、大学教授、将军、企业家、文学艺术家。他们无不为有一个曾参加过朝鲜战争的兵妈妈而骄傲。

总而言之，她们是中华民族和伟大祖国的优秀女儿，是一代巾帼英豪。

2016 年 1 月 25 日初稿于南京

（本文作者张培林，1928 年 7 月生于山西昔阳县，1945 年入伍。时任中国人民志愿军第 12 军《人民英雄》报副主编。）

后 记

武丽佳

　　我出身于一个军人家庭，我的父亲、母亲都是光荣的志愿军军人，曾经同赴抗美援朝战场，我的血脉里流淌着军人的血液。军人家庭的教育熏陶，部队大院生活的锤炼，使我的心中始终装着满满的军人情怀。在我敬爱的父亲病重期间，母亲怀着对父亲——一个光荣老兵深厚的情谊和爱，给予了父亲无微不至的关怀照料，父亲去世后，我看到了母亲坚强外表下，表露出对父亲深深的怀念，对昔日战友苦苦的思念之情，我切身感受着这崇高而伟大的父范母仪。长时间以来，耳闻目睹现实生活中许多参战老兵特别是参战女兵们可歌可泣的动人故事，我被这一切深深地感动着，于是内心萌生了要为这些我们尊敬的女兵们制作一本纪念画册的愿望，以传承老一辈志愿军女战士那种保和平为祖国的爱国主义和国际主义精神。让我们的后代能始终铭记，中华民族这一代英雄儿女为和平和正义所做出的巨大牺牲，让我们的后代始终恪守一个信念，无论时代怎样变迁，社会如何现代化，老一辈军人身上所固有的革命传统和高尚情操，仍应成为我们的生活准则和前进方向的坐标。

　　我们的母亲们，在六十五年前曾经和千千万万的志愿军战士一样，浴血战斗在朝鲜战场，她们的青春、她们的风采，绽放在硝烟弥漫、战火纷飞的朝鲜战场。1950年，画册中这些青春焕发的志愿军女兵都才十几岁，当祖国一声召唤，她们毅然离开温暖的家和父母亲，离开故乡和学校，参军入伍，跟随入朝作战的各部队，跨过鸭绿江，奔赴硝烟弥漫的朝鲜前线。为了正义、为了和平，她们中的许多战友，血洒朝鲜三千里江山，长眠在异国的土地上。停战回国后有的转业、有的复员，先后被分配到祖国建设的各个岗位，她们平凡地工作生活着。现在她们都年事已高，有的因伤病卧床不起，有的已故去，但她们用无声的庄严壮丽地实现了人生的辉煌！她们是那个年代，乃至现在这个时代最可敬可爱的人！

　　我们这一代没有经历过战争，我们的母亲们，也很少提起自己曾有的光荣和功绩，她们以一颗平常心，看待自己理应得到尊重和颂扬的光荣功绩。

在纪念画册制作前期寻访、搜集、整理资料的过程中，入朝参战女兵们一封封充满对昔日战友怀念和战场风采回忆的信，从全国各地寄来，看着这些已是耄耋之年、白发苍苍阿姨们一字一句书写的满怀深情的信，和一张张她们在朝鲜战场英姿飒爽的旧照片，我的心被震撼着，几度落泪……岁月能改变她们的容颜，时间也许会淡忘她们曾经有过的光荣，但在我心里她们永远是那样的美丽！永远值得人们尊敬和怀念！在日后的走访中，我深深感受到我所接触到的每一位老兵的品质是那样的纯洁和高尚，她们的意志是那样的坚韧和刚强，她们的气质是那样的淳朴和谦逊！正是这一切感动着我、激励着我，让我始终心怀一种强烈的责任感和紧迫感，要把女兵阿姨们的这种光荣传载下去，记载在世！把她们的功绩和风采很好地展示在这本画册中，以教育后人，告慰英灵……让我们的下一代铭记这段历史，铭记这场战争中有这样一群女兵……

编撰画册的过程也是我重新认识母亲、认识亲人的过程。岁月流逝，我们对自己的母亲了解得很少很少，她们曾经的光荣经历也鲜为人知，每当我看到父母亲和其他女兵们珍藏着的一枚枚军功章、一张张嘉奖状，听到她们爽朗的笑声，看到她们写满岁月沧桑慈祥和蔼的脸庞，我真想紧紧拥抱她们……每当我通过各种线索，寻访到这些参加过这场战争的女兵们时，我都会被一种深深的感动包围着，脑海中一次次浮现着她们在炮火连天、环境严酷、随时可能牺牲的朝鲜战场上浴血战斗的画面。她们一生中担当了众多出色的角色，然而最让她们自豪的是她们曾经是个抗美援朝的女兵！是经历了战火考验的女兵！

由于时间和其他因素，在现在这个时间段我们只能寻访和搜集到多以和父母亲相关的志愿军第12军为主的女兵的资料。我曾努力扩大采访范围，但是由于种种原因，还是力所未及。但我深知参加过这场战争的女兵成千上万……我们把这两百余位女兵作为众多参战女兵的代表，把她们的光荣和风采展示给大家，并向暂未列入本画册和未寻访到的女兵们致以深深的敬意和歉意！你们的光荣和功绩将与日月同在！向那些已知名和不知名牺牲在朝鲜战场的女兵英烈们致以深深的怀念和追思！祖国和人民永远铭记你们不朽的功绩！你们正如美丽的金达莱，永远绽放在朝鲜三千里江山的沃土原野中！

本画册的制作过程，得到了社会各界知名学者、教授以及有关领导的大力支持和重视，得到了军队从事军史研究的相关学者的指正和帮助。感谢中国人民解放军军事科学院原战略部副部长齐德学少将、中国人民革命军事博物馆研究馆员马沈同志，他们在百忙之中为本画册写前言，并做了大量力所能及的指导工作。感谢张玉华老将军在病中为画册题名，感谢原总装备部副政委葛焕标中将为画册题名。感谢上海志愿军文献馆吕焕皋馆长、上海志愿军第20军历史研究会刘石安会长和我父亲最亲密的战友张培林伯伯以及老战士代表提供了不少的寻访志愿军女兵线索和资料。感谢志愿军女兵后代、南京大学国家一级美术师杨娌娅同志，为本画册封面装帧所做的美术设计。感谢我熟知的但不愿透露姓名的企业家、朋友对本画册制作提供的无私赞助。

感谢金华市春光橡塑软管有限公司、浙江省金华市百纳轮毂有限公司、九千年（上海）饮用水有限公司、法欧美集团控股有限公司等企事业的真诚相助。也有军人后代在繁忙的工作之余，默默无闻地为画册的资料整理做了大量工作。中国社会科学出版社承接画册制作出版任务的全体工作人员，精心编辑，周密筹划，争分夺秒并提供大力帮助，从而使本画册在较短时间内得以和女兵们及读者见面。在此，本人深深地感动着，并表示由衷的谢意！

因是初次制作史实性纪念画册，经验不足且相关资料欠缺、无从考证，由于人力、时间等原因，画册存在种种不足之处，恳请读者和老兵们批评指正，并向我们提供更多新的线索，便于我们在增印再版时补充完善。本画册收集了两百余位女志愿军的资料，照片达三百五十余张，短文七十余篇。在采用每一位女兵的文章的篇幅上，我为了尊重每位阿姨的意愿，对各位长辈的回忆文章和照片说明，除做了技术性处理外，尽量保持原汁原味，同时尽量采取了"有文必录，有照定选"的原则。书中除前三名阿姨外，按照几位编委会老战士的意见，其他阿姨在书中的姓名先后，一律按汉语拼音顺序排列。但由于版面的需要，个别女兵的排列做了适当的调整，也请阿姨们见谅！

晚辈丽佳，向你们——英雄的志愿军女战士、我亲爱的妈妈们敬礼了！

武丽佳

2016 年 1 月